Rolf Krenzer

Neue Spiele und Lieder für den Kindergarten

Von Sankt Martin
bis zum Dreikönigstag

Edition Kemper
im Verlag Ernst Kaufmann

CIP-Titelaufnahme der Deutschen Bibliothek

Krenzer, Rolf:
Neue Spiele und Lieder für den Kindergarten:
von Sankt Martin bis zum Dreikönigstag/Rolf Krenzer.
– 1. Aufl. – Lahr: Ed. Kemper im Verl. Kaufmann, 1989
ISBN 3-7806-0913-4

1. Auflage 1989

Notenlektorat: Kristina Krenzer
Zeichnungen: Dagmar Domina,
Seite 32-33, 151-154 Friderun Krautwurm,
Seite 116-117 Ortfried Pörsel
Hergestellt bei Präzis-Druck GmbH, Karlsruhe
Umschlaggestaltung: JAC unter Verwendung einer Zeichnung
von Anne Röhnisch-Dannehl
ISB N 3-7806-0913-4

Inhalt

Tritt herein in unser Haus
Lieder und Spiele um den Nikolaus

Da wird die ganze Erde froh
Krippenspiele

Der Engel bei den Tieren
Märchenhaftes

Wir tragen das Licht in die Welt hinein
Weihnachten feiern in unserer Zeit

Es sah'n drei weise Könige
Sternsingerlieder und Dreikönigsspiele

Alphabetisches Liedverzeichnis

* Zu dieser Sammlung entstanden eine Reihe neuer Lieder von Elke Bräunling und Rolf Krenzer mit der Musik von Paul G. Walter. Sie sind enthalten auf der MC „Nun zünden wir die Kerzen an", Musikbär Verlag Paul G. Walter, Eichenweg 15 a, 6905 Schriesheim.

** Die Lieder mit der Musik von Siegfried Fietz sind auf der MC „Leuchte, leuchte Weihnachtsstern" enthalten, Abakus-Verlag, Haversbach 1, 6349 Greifenstein 2. Unter dem gleichen Titel gibt es hierzu das Bilderbuch im Patmos-Verlag, Düsseldorf.

Vorwort

Vor Ihnen liegt eine Sammlung einfacher Lieder und Spiele für die Zeit zwischen dem Martinstag und dem Dreikönigstag, die allesamt neu und bisher unveröffentlicht sind. Ganz bewußt wurde der Martinstag als Auftakt zu dieser Spiel- und Liedersammlung gewählt. Der Heilige Martin, über dessen Leben der Grundsatz „Teilen statt Töten" stehen könnte, verdeutlicht auf einfache Weise christliches Handeln und stellt so eine Bereicherung der vorweihnachtlichen Zeit dar.
Alle Stücke und Spiele sind in den beiden letzten Jahren vor der ersten Herausgabe dieses Werkes entstanden, und manch eines der rund 100 neuen Lieder und Spiele hat seine Uraufführung und Bewährungsprobe in der letzten Advents- und Weihnachtszeit bestanden. Meist waren es die Autoren der Lieder und Spiele selbst, die sie im Kindergarten, in der Grundschule und im Familiengottesdienst ausprobiert haben, bevor sie sie mir schickten. Ich habe dann in Seminaren mit Erzieherinnen und Lehrern einige der Spiele mit viel Freude ausprobiert. Die Aufführungen haben uns alle so begeistert, daß manch einer sich den Text mit der Hand abgeschrieben hat, um ihn in der eigenen Gruppe im Kindergarten, in der Schule oder im Kindergottesdienst sogleich noch einmal umzusetzen und zu gestalten. So läßt sich bereits heute sagen, daß sich beispielsweise Elke Kolodzeys Spiel von der Suche nach dem verlorenen Schaf, Hildegard Kronenbergs Blumen-Krippenspiel oder Ortfried Pörsels Klanggeschichte „In Betlehem" ebenso für ein ansprechendes Schattenspiel eignen wie das Spiellied zu der Legende vom Nikolaus und der Hungersnot und eine musikalische Aufführung des „Kleinen Krippenspiels", an der verschiedene Gruppen (Musikanten, Bastler, Sprecher, Spieler) beteiligt waren. Gudrun Pausewangs wunderschönes Sternen-Krippenspiel „Der Stern von Betlehem" haben wir, Lehrer und Eltern, zusammen mit geistig behinderten Schülern der Ortfried-Preußler-Schule mit so viel Freude aufgeführt, daß wir es sicher im nächsten Jahr wiederholen werden.
Rund fünfzig neue Spiele und ebenso viele neue Lieder rund um die Weihnachtszeit: Eine Sammlung, die eine wahre Fundgrube darstellt und wohl in ihrer Vielfalt einmalig ist. Hier findet wirklich jeder etwas, und nicht nur für ein Jahr, sondern für viele weitere Jahre. Jedes Lied, jedes Spiel und jede Anregung verlockt zum Ausprobieren.
Der Bogen reicht von ganz einfachen Fingerspielen für die Allerjüngsten bis zu Anspielen in Familiengottesdiensten, von Lichter- und Klangspielen bis zu einfachen und anspruchsvolleren Krippenspielen, bei denen sich Eltern, Erzieher, Lehrer und Kinder im Spiel finden können. Neben eher märchenhaften Stücken enthält die vorliegende Sammlung auch solche, in denen das religiöse Anliegen zum Ausdruck kommt. Mit diesen Stücken können wir gegen den Konsumrausch und gegen alles, was uns den wirklichen Sinn des Weihnachtsfestes vergessen machen will, ansingen und anspielen, um im Erleben des Spiels wieder zu erfahren, was Weihnachten uns sagen will.

Viele bekannte Autoren haben für diese Sammlung Lieder und Spiele geschrieben. Erzieherinnen, Lehrerinnen und Lehrer haben aus ihrer täglichen Praxis heraus Neues gestaltet. Gemeinsam mit dem Verlag möchte ich mich ganz herzlich bei allen bedanken, die an diesem Buch mitgearbeitet haben. Ich wünsche ihnen und uns allen, daß wir mit den uns anvertrauten Kindern die Advents- und Weihnachtszeit wieder neu entdecken und bewußt erleben dürfen.
Der vorliegende Band ergänzt die beiden bereits erschienenen Bände. „Weihnachten im Kindergarten" und „Vorlesezeit im Kindergarten" – letzteres ein reiner Textband mit mehr als 60 neuen einfachen Weihnachtsgeschichten und vielen Gedichten. Alle drei Bände zusammen geben Erzieherinnen und Lehrern eine große Fülle von Material an die Hand, mit dessen Hilfe sich die Zeit zwischen Sankt Martin und dem Dreikönigstag abwechslungsreich und phantasievoll gestalten läßt.
Viel Freude dabei!

Rolf Krenzer

Leuchtet die Laterne in die Nacht hinein

Lieder und Spiele zum Martinstag

Wer klopft ans Fenster und ans Tor?

Spiellied

Das Lied kann im Wechsel mit verschiedenen Gruppen gesungen werden. Dazu wird pantomimisch das Spiel von Martin und dem Bettler gespielt. Das Spiel folgt dem Text der einzelnen Verse.

① Cm G Cm Cm
Man schließt die Tür, so schnell man kann, und kei - ner hilft dem
Fm G Cm Cm G Cm C7
ar - men Mann.
② Fm Cm Fm
Die kal-ten Win-ter - stür - me wehn. Der ar-me Mann muß
Cm ③ Fm Cm G7 Cm7
wei - ter - gehn. Er friert, und al - les tut ihm weh. So
G Cm G ① Fm
stapft er ein - sam durch den Schnee. Und wer ihn trifft, den
Cm B Cm G Cm Cm
ar - men Mann, der geht vor-bei, so schnell er kann.
① Fm Cm Fm
Es schneit. Die Nacht ist bit - ter - kalt. Wer rei-tet jetzt noch
Cm ② Fm Cm G7 Cm
durch den Wald? Seht, ein Sol - dat auf sei - nem Pferd mit

G Cm G ③ Fm
war-mem Man-tel, Helm und Schwert. Er sieht den Mann und
Cm B Cm G Cm Cm Cm/B D7/A
hält gleich an und fragt, ob er ihm hel-fen kann.
① Gm Cm G Cm Fm
Nach sei-nem Schwert greift der Sol-dat und teilt den Man-tel,
G ② G Cm G Cm
den er hat. Er ruft den Bett-ler dann her-bei und
Fm6 Cm Fm7 G 3 Cm Fm
sagt: „So reicht es für uns zwei!" Er hilft, so gut er
Cm G Cm G Cm Cm/B D7/A
hel-fen kann und nimmt den Mann als Bru-der an.
① G Cm G Cm Fm7
In kei-nen Krieg, in kei-ne Schlacht zieht der Sol-dat nach
G ② G Cm G Cm
die-ser Nacht. Er dient jetzt Christus ganz al-lein. Da

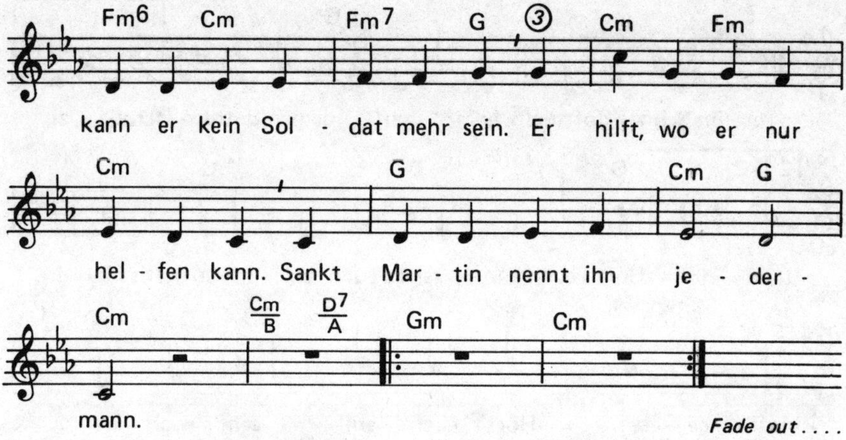

Als Martin ein Soldat noch war

Spiellied

Aus dem Kreis heraus gestalten die Kinder ein pantomimisches Spiel zu dem Lied. Die in den Strophen enthaltene Handlung läßt sich auch als Schattenspiel darstellen.

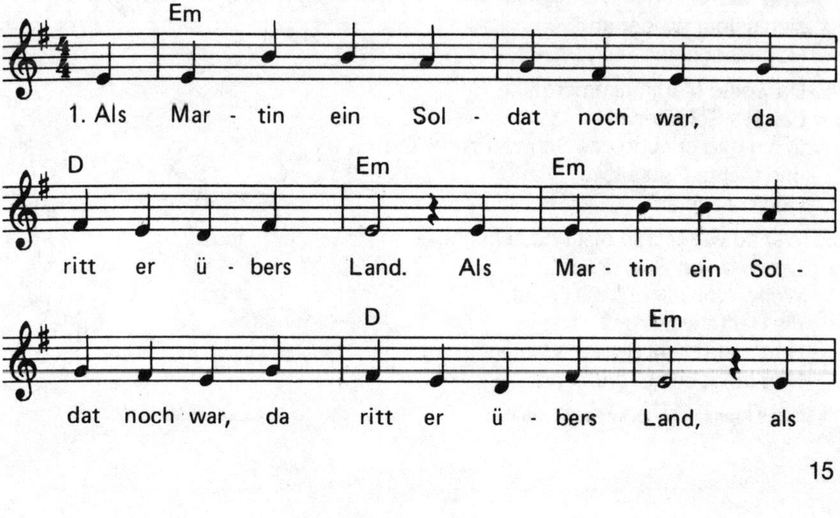

2. Und Martin sah des Bettlers Not.
Er zügelte sein Pferd.
Dann zog er seinen Mantel aus
und teilt ihn mit dem Schwert.
Hört's euch an!…
3. So wärmt ein Stück des Mantels dann
im Schnee den armen Mann.
Und Martin zog das andre Stück
sich selber wieder an.
Hört's euch an!…
4. Da wollte Martin nimmermehr
bei den Soldaten sein.
Drum gab er auch das Schwert zurück
und diente Gott allein.
Hört's euch an!…
5. Wer so wie Martin teilt und schenkt,
der wird von Gott geliebt.
Weil er von allem, was er hat,
die Hälfte weitergibt.
Hört's euch an! Seht's euch an!
Und fangt selber damit an!

Text: Rolf Krenzer, Melodie: Paul G. Walter

Martin, Martin, guter Mann

Spiellied

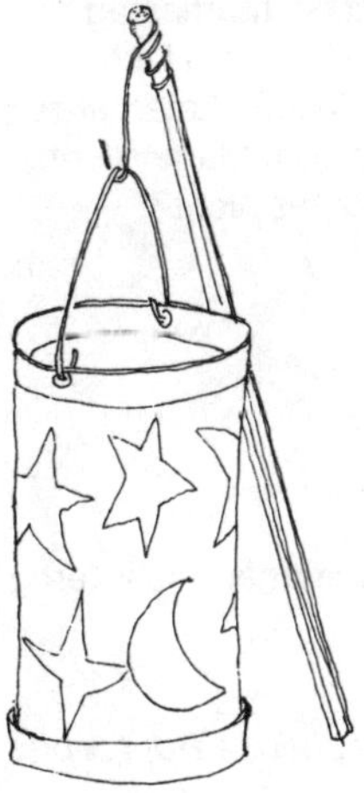

2. Martin, Martin, guter Mann,
reite unserm Zug voran!
In die dunk'le Nacht hinein
leuchtet der Laternenschein,
daß uns jeder sehen kann,
Martin, Martin, guter Mann,
Martin, Martin, guter Mann.

3. Martin, Martin, guter Mann,
reite unserm Zug voran!
Hilf, daß der, der reich und satt,
mit dem teilt, der gar nichts hat,
so wie du es einst getan,
Martin, Martin, guter Mann,
Martin, Martin, guter Mann.

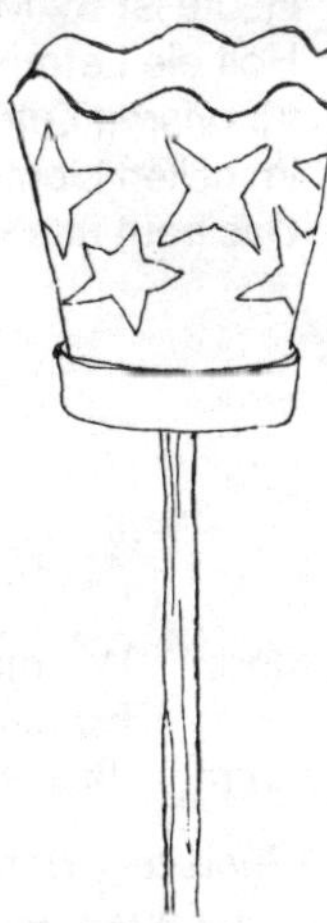

Text: Rolf Krenzer, Musik: Ludger Edelkötter

Das Spiel vom Teilen

Singspiel

Dieses Spiel dient der Vorbereitung auf den Martinsumzug. Die Kinder sollen erfahren, daß die Fähigkeit zum Mit-Leiden und Teilen auch heute wichtig ist. Auch im Kindergarten gibt es viele Gelegenheiten, wie St. Martin zu handeln.

Die Kinder sitzen zusammen um den Tisch und singen:

2. Heute ist St. Martinstag.
   Holt die Laternen her
   für unsren Laternenzug
   im hellen Lichtermeer.
   Das freut uns sehr.

3. Heute ist St. Martinstag.
   Wir zünden an ein Licht
   und sing'n zum Laternenzug
   das Lied vom Martinslicht.
   Kennst du es nicht?

4. Heute ist St. Martinstag
   und bald ist es soweit
   für unsren Laternenzug
   durch die Dunkelheit.
   Seid ihr bereit?

1. Kind: Wir müssen uns beeilen, sonst werden unsere Laternen nicht fertig bis heute abend.

Mehrere: Ja, los, macht schon!

Ein Kind teilt Bastelmaterialien aus: dunkler Karton, durchsichtiges Buntpapier in allen Farben etc. Die Kinder beginnen mit der Bastelarbeit.

3. Kind: Ich freue mich auf heute abend.

4\. Kind: Es wird bestimmt schön, wenn wir mit den Laternen durch die dunklen Straßen ziehn.
2\. Kind: Wie bei St. Martin.
1\. Kind: Ja, wie bei St. Martin.
4\. Kind: Meine Laterne wird ganz besonders bunt, mit allen Farben, die es nur gibt.

Die Kinder basteln eifrig. Da ertönt plötzlich ein Reiß-Geräusch, so, wie wenn Papier zerreißt. Ein Kind, Mario, heult auf.

Mario: Au weh, mein Buntpapier ist kaputt. Mitten durchgerissen. So'n Mist.

Er hebt das zerrissene Buntpapier auf, formt wütend ein Papierknäuel und schmeißt es wild in eine Ecke.

1\. Kind: Das kann auch nur dir passieren.
2\. Kind: Du machst immer alles kaputt.
4\. Kind: Hihihi. Der Mario. Der kann nie was richtig machen. Hihihi.

Alle Kinder schauen Mario an und kichern schadenfroh. Mario aber senkt traurig den Kopf.

Mario: Nun hat meine Laterne keine bunten Fenster.

Er schluchzt, dann steht er auf und geht bittend von einem Kind zum anderen.

Mario: Bitte, kannst du mir nicht von deinem Buntpapier abgeben?
1\. Kind: Nein. Das brauch ich für mich.
2\. Kind: Von mir bekommst du auch nichts. Du machst es doch nur wieder kaputt.
3\. Kind: Warum gerade ich? Frag' doch die anderen!
4\. Kind: Das wäre ja noch schöner. Paß' besser auf deine Sachen auf. Jawohl.

Mario wird immer trauriger. Er setzt sich auf seinen Stuhl und schluchzt.

Mario: *(leise)* Das ist wie beim St. Martin. Da gibt auch keiner was her, und der arme Bettler muß hungern und frieren.

Die Kinder unterbrechen ihre Arbeit und sehen Mario erstaunt an.

1\. Kind: *(zeigt auf Mario)*
Ha, der Mario ist ein armer Bettler!
2\. Kind: Hihihi.
3\. Kind: Seid still. Der Mario hat recht. Genauso war es damals bei St. Martin auch. Keiner hat was hergegeben.
4\. Kind: Nur der St. Martin. Der hat seinen Mantel geteilt.
2\. Kind: Ich will auch wie St. Martin sein.

Es halbiert sein Buntpapier und gibt Mario einen Teil davon, die anderen folgen diesem Beispiel. Mario erhält nun kleine Buntpapierstücke in allen Farben.

Die anderen: Ich auch, ich auch …

Mario *(freudig überrascht):*
Danke! Danke! Ihr seid nett. Vielen Dank.

1. Kind: Nun haben wir richtig St. Martin gefeiert.
2. Kind: Schon vor dem Laternenzug.
3. Kind: Und Mario kriegt die bunteste Laterne.
4. Kind: Ich freu' mich richtig. Ihr auch?

Alle Kinder zeigen sich, was sie schon gebastelt haben. Sie singen gemeinsam:

2. Ein bißchen so wie Martin
möcht' ich manchmal sein,
und ich will auch mit dir teilen,
wenn du rufst, schnell zu dir eilen.
Nur ein bißchen, klitzeklein,
möcht' ich wie St. Martin sein.

3. Ein bißchen so wie Martin
möcht ich manchmal sein,
und ich will treu zu dir stehen
mit dir auch zum Doktor gehen.
Nur ein bißchen, klitzeklein,
möcht' ich wie St. Martin sein.

4. Ein bißchen so wie Martin
möcht ich manchmal sein,
und ich will im Streit nicht leben,
dir die Friedenspfeife geben.
Nur ein bißchen, klitzeklein,
möcht' ich wie St. Martin sein.

5. Ein bißchen so wie Martin
möcht' ich manchmal sein,
und ich möcht dich nicht verpetzen
oder gegen andre hetzen.
Nur ein bißchen, klitzeklein,
möcht' ich wie St. Martin sein.

6. Ein bißchen so wie Martin
möcht' ich manchmal sein,
und ich schenk dir mein Vertrauen,
du kannst immer auf mich bauen.
Nur ein bißchen, klitzeklein,
möcht' ich wie St. Martin sein.

Von Haus zu Haus

Spielidee

Für eine dörfliche Kindergartensituation eignet sich folgender, mehrfach erprobter Vorschlag:

Die Kindergarten-Kinder versammeln sich mit Laternen am Kindergarten zu einem Umzug. Der Umzug wird von einem als Sankt Martin verkleideten Reiter angeführt. Der Zug macht vor jedem Haus eines Kindergartenkindes halt und singt dort die zuvor geübten Martinslieder. Das Singen wird mit kleinen Geschenkpäckchen belohnt, die der Martinsreiter in einem großen Sack sammelt. Nach der Rückkehr zum Kindergarten werden bei einem Martinsfest die Geschenke an die Kinder verteilt.

Liedvorschläge:
- Laterne, Laterne, Sonne, Mond und Sterne (Volksgut)
- Ich geh mit meiner Laterne und meine Laterne mit mir (Volksgut)
- Martin ist ein frommer Mann (Volksgut)

Außer den für dieses Buch verfaßten Spielliedern (s. S. 12, 15, 17, 18) findet sich ein weiteres Martinslied („Ein armer Mann") in R. Krenzer, „Weihnachten im Kindergarten", Edition Kemper im Verlag Ernst Kaufmann.

Ulrich Kolkmann/Jochen Krentel

Leuchten wieder Kerzen

Lieder und Spiele zum Advent

Die Sache mit dem Licht

Meditation

Die Kinder sollen den Zauber des Lichts erfahren. Nach einer kurzen Erzähl-Meditation wird der Raum verdunkelt (aber nur so, daß die Kleinsten nicht anfangen zu weinen). Nachdem die Dunkelheit ein bißchen auf die Kinder gewirkt hat, wird eine Kerze angezündet. Die Kinder dürfen sagen, was sie nun empfinden. Dann werden nach und nach weitere Kerzen angezündet, z.B. die am Adventskranz, vielleicht noch eine in jeder Zimmerecke, so daß es merklich heller wird. Wieder sollen die Kinder ihre Gefühle erzählen. Zum Schluß wird es ganz hell gemacht (elektrische Beleuchtung), so daß man alles sehen und sich sicher fühlen kann. Die Kinder sprechen darüber, wie sie die Helligkeit erleben.

Erzähl-Vorschlag:

Habt ihr euch schon einmal überlegt, wie es wäre, wenn wir mitten im Sommer Weihnachten feiern würden? Da wäre alles ganz anders. Da gäbe es eine Bescherung im Garten oder auf dem Balkon. Alle ständen im T-Shirt und in Sommersöckchen um den Weihnachtsbaum, weil alles andere viel zu warm wäre. Am zweiten Feiertag könnten wir im Schwimmbad die neuen Schwimmflossen oder den neuen Wasserball ausprobieren.
Die Zeit vor Weihnachten, die Adventszeit, wäre heiß und laut, bunt und lustig, nicht wie sonst: leise, besinnlich und gemütlich. Denn Kerzen und Lebkuchen und Lese- oder Bastelabende, die zur Adventszeit gehören, passen nicht in den Sommer. Im Sommer denkt man gar nicht an solche wohligwarmen Dinge. Die passen nur in den Winter.
Im Winter aber freuen wir uns über jede brennende Kerze. Sie bringt uns Licht in die Finsternis, die von draußen zu uns hereindringt.
Auch das Christkind ist wie ein Licht, das in uns drinnen leuchtet – in unseren Herzen. Wenn wir an das Christkind denken, werden unsere Herzen hell und warm.
In den Menschen, die sich nicht auf das Christkind freuen können, bleibt es dunkel und kalt – so dunkel und kalt wie der Winter draußen. In ihren Herzen wird es nicht warm und hell.
Wir wollen uns aber auf das Christkind freuen, auf das große Licht in unseren Herzen. Doch bevor das große Licht da ist, zünden wir viele kleine Lichter an – jeden Tag eins mehr, damit wir erleben, wie es jeden Tag ein bißchen heller und wärmer wird. Ganz hell und warm wird es dann an Weihnachten, wenn das Christkind zu uns kommt.

Birgitt Siegl

Die sieben Lichter

Spielgedicht

Sieben Kinder weisen mit ihren Lichtern auf das hin, worauf Gott uns im Advent immer wieder aufmerksam machen will: Hoffnung, Freude, Dankbarkeit, Mitleid, Treue, Frieden und Liebe. Jeder Begriff wird von einem Kind dargestellt. Die Spieler halten Kerzen in der Hand, die jedoch noch nicht angezündet sind. Das erste Kind tritt vor, entzündet seine Kerze an einer großen Kerze, die an einem gut zugänglichen Ort aufgestellt ist, und trägt die erste Strophe vor usw. bis alle sieben Kerzen brennen. Man kann nach Belieben Strophen weglassen oder zwischen die Strophen ein gemeinsames Lied oder ein Instrumentalstück setzen.

1. Grüß Gott – ich bin das erste Licht.
   Nichts geht ohne *Hoffnung.*
   Vergeßt das nicht!
   Die Hoffnung macht den Müden munter.
   Wer hofft,
   der geht so leicht nicht unter.

2. Grüß Gott – ich bin das zweite Licht.
   Ihr Lieben,
   vergeßt die *Freude* nicht!
   Vom Fröhlichsein bekommt ihr Kraft.
   Freut euch,
   damit ihr Kräfte schafft!

3. Grüß Gott – ich bin das dritte Licht.
   Die *Dankbarkeit,*
   vergeßt sie nicht!
   Wenn es euch gut geht
   merkt's euch endlich! –
   dann ist das doch nicht selbstverständlich!

4. Grüß Gott – ich bin das vierte Licht.
   Ihr Lieben,
   verlernt das *Mitleid* nicht!
   Erbarmt euch!
   Bleibt nicht hart und stumm!
   Es gibt viel Leid um uns herum.

5. Grüß Gott – ich bin das fünfte Licht.
   Ihr Lieben,
   vergeßt die *Treue* nicht:
   Ich brauche dich,
   und du brauchst mich.
   Laßt euch einander nicht im Stich.

6. Grüß Gott – ich bin das sechste Licht.
Zeigt euren Feinden
ein Friedensgesicht!
Heißt nicht die Botschaft: *Friede* auf Erden?
Helft alle mit:
Laßt Frieden werden!

7. Grüß Gott – ich bin das siebte Licht.
Ich bin die *Liebe.*
Leicht ist sie nicht.
Liebt weg vom Ich, liebt hin zum Du.
Liebt nicht nur zur Weihnacht –
liebt immerzu!

Der Lichterberg

Spielidee

Jeder Besucher der Weihnachtsfeier erhält am Eingang des Kindergartens (der Tagesstätte) eine Kerze, die er an einer großen Kerze anzündet. Die Flure und Räume sind abgedunkelt. Das einzige Licht geben die umherwandernden Kerzen. Nach der Besichtigung der weihnachtlich geschmückten Räume begeben sich alle in den Feiersaal. Dort ist im Sandkasten ein hoher Sandberg aufgebaut. Dahinein stellen die Besucher ihre Kerzen.
Statt eines Sandkastenbergs kann auch ein Lattenbaum verwendet werden (dann allerdings mit Teelichtern): In eine Grundplatte 20 x 20 cm ist ein Stock eingelassen. Viele Latten (0,5 cm Stärke) unterschiedlicher Länge (10 bis 75 cm) sind in der Mitte durchgebohrt, so daß der Stock durchgesteckt werden kann. Die Latten werden spiralig verdreht auf den Stock aufgesetzt, die längste Latte unten, die kürzeste oben. Der Lattenbaum wird oben mit einer Spitze verziert. Auf die „Zweige" des Lattenbaums werden die Lichter gestellt.
Zum Schlußlied „Tragt in die Welt nun ein Licht" oder eines anderen Kerzenliedes (z. B. „Leuchten wieder Kerzen", S. 27) tragen die Besucher je ein Licht vom Lichterberg in die Gruppenräume, um damit z. B. die Kaffeetische zu beleuchten.

Ulrich Kolkmann/Renate Wurziger

Leuchten wieder Kerzen

Lichterspiel

An unserem Spiel mit Kerzen können sich alle beteiligen. Wir benötigen eine Kerze pro Teilnehmer.
In der Mitte des Kreises steht eine brennende Kerze. Einer beginnt, die Melodie des Liedes zu summen. Er geht auf einen im Kreis zu, nimmt ihn an der Hand und führt ihn zu der brennenden Kerze in der Mitte. Gemeinsam zünden sie eine neue Kerze an. Dann stellen sie die angezündete Kerze bei der ersten ab.
Der, der begonnen hat, gibt dem, den er geholt hat, nun eine noch nicht angezündete Kerze und setzt sich in die Mitte des Kreises auf den Boden vor den beiden brennenden Kerzen.
Der zweite Mitspieler geht nun auf einen anderen zu, nimmt ihn an der Hand, führt ihn in den Kreis und zündet mit ihm gemeinsam eine dritte Kerze an. Immer mehr Kerzen kommen in der Mitte des Kreises hinzu, immer mehr Teilnehmer finden sich in der Mitte des Kreises ein. Je mehr Teilnehmer in der Mitte sitzen, um so lauter wird das Summen. Wenn alle sitzen, singen wir das Lied gemeinsam im Rundgesang, vielleicht sogar im Kanon, wobei der Einsatz nach jedem Takt möglich ist.
Während des Singens stehen wir auf, fassen uns an den Händen und gehen um die brennenden Kerzen herum.
Lied und Spiel eignen sich besonders für das gemeinsame Feiern in der Gruppe, mit Eltern und auch in der Familie.

Ich möcht' euch was sagen

Spielgedicht

Vier Kinder sprechen die einzelnen Strophen und zünden dabei Kerzen an; die 5. Strophe wird gemeinsam gesprochen.

1. Ich möcht' euch was sagen:
Es ist schon Advent,
kommt, seht und staunet:
Das erste Licht brennt!

2. Ich möcht' euch was sagen:
Das Warten wird lang,
drum zünde ich eilig
das zweite Licht an!

3. Ich möcht' euch was sagen:
Bald ist es soweit,
drei Lichter am Kranze
verzaubern die Zeit!

4. Ich möcht' euch was sagen
und sage es gern:
Vier Lichter verkünden
die Nähe des Herrn!

5. Wir möchten euch sagen:
Es weihnachtet schon,
drum freut euch und singt,
zur Welt kommt ein Sohn!

Gabi Hoppmann

Warten auf Jesus

Anspiel

Wir brauchen: 2 Sprecher, 2 Nachbarinnen, eine Mutter, beliebig viele Kinder.

Am Eingang zur Kirche stehen Helfer mit einem großen Korb voll kleiner Fichtenzweige. Jedes Kind darf sich einen Zweig nehmen.

1. Sprecher: Warum hängt dort ein Kranz mit einer Kerze?
Kinder: Weil heute 1. Advent ist!
2. Sprecher: ‚Advent?' Was heißt das?
Kinder: Advent heißt Ankunft.

1. Sprecher: Und wer kommt da an?

2. Sprecher: Derselbe, dessen Geburtstag wir Weihnachten feiern: Jesus. Der Helfer, den Gott uns geschickt hat.

1. Sprecher: Und seit vielen hundert Jahren wird in der Kirche am 1. Advent immer wieder eine Geschichte erzählt: Von den Leuten in Jerusalem, die auf Jesus gewartet haben.

2. Sprecher: Es war ein ganz gewöhnlicher Tag – damals vor 2000 Jahren: Die Sonne schien in Jerusalem. Vor einem Häuschen saßen zwei Frauen auf einer Bank.

Mutter mit zwei Kindern und 1. Nachbarin mit Wollkorb kommen nach vorn. Die Frauen zupfen Wolle. Die Kinder spielen mit Bauklötzen.

Mutter: Gut, daß man heute draußen sitzen kann. Hier kann man die Kinder auch so gut sehen.

1. Nachbarin: Aber ich muß immer an Maria und Marta denken. Die Armen! Hast du von ihrem Bruder gehört?

Mutter: Ja, alle Leute sprechen davon. Er war noch so jung.

2. Nachbarin: *(kommt eilig)* Habt ihr schon gehört, was in Betanien geschehen ist?

Mutter: Ja, wir sprechen gerade davon. Lazarus ist gestorben – der Bruder von Maria und Marta. Ist das nicht schrecklich?

2. Nachbarin: Es *war* schlimm! Stellt euch vor: Lazarus ist wieder lebendig geworden! Jesus hat ihn auferweckt.

Mutter: Jesus? Ist das nicht der Mann aus Nazaret, der so viele Kranke gesund gemacht hat?

1. Nachbarin: Vielleicht ist er der Helfer, auf den schon unsere Ur-Ur-Ur-Großeltern gewartet haben: Der Messias?

2. Nachbarin: Der Heiland? Der Christus?

Mutter: Der König, den Gott schickt?

1. Nachbarin: Ach, wenn man das doch genau wissen könnte!

2. Nachbarin: Ja, wenn er auf einem Esel käme! Dann wüßte man: Er ist der Friedefürst.

Mutter: Du meinst das, was Sacharja in der Bibel geschrieben hat? Das habe ich auch mal auswendig gelernt. Wie heißt das noch?

1. Nachbarin: „Aber du, Tochter Zion, freue dich sehr –

Mutter: Und du, Tochter Jerusalem, jauchze!

1. Nachbarin: Siehe, dein König kommt zu dir...

Mutter: ein Gerechter und ein Helfer... arm ...

Beide: und reitet auf einem Esel, auf einem Füllen der Eselin."

Mutter: Ja, wenn er auf einem Esel käme, dann könnte man's wissen.

Kinder: *(kommen angerannt)* Er kommt! Er kommt nach Jerusalem!

2. Nachbarin: Wer denn? Wer?

Kinder: Jesus! Jesus aus Nazaret!

Mutter:	Wie denn? Wo denn?
Kinder:	Er reitet. Er reitet auf einem Esel, auf einem jungen Eselsfüllen.
Alle drei Frauen:	Oh ja: Er ist es! Jesus ist der Helfer, den Gott schickt.
Mutter:	Wir müssen den Weg für ihn vorbereiten.
1. Nachbarin:	*(legt ihren Mantel auf die Erde)* Ich lege meinen Mantel auf die Straße. Mein König soll über einen Teppich reiten!
Alle anderen:	*(tun das gleiche)* Wir auch! Wir auch!
2. Nachbarin:	*(‚pflückt' Zweige und legt sie auf den Boden)* Ich pflücke Zweige zum Schmuck.
Alle anderen:	*(tun das gleiche)* Wir auch! Wir auch!
Mutter:	Wir brauchen noch Zweige zum Winken.
Alle anderen:	*(‚pflücken' noch mehr Zweige und winken)* Wir werden ihm zujubeln!
1. Nachbarin:	Was wollen wir rufen, wenn er kommt?
Kinder:	Hosianna!
Mutter:	Das heißt: Herr, hilf uns!
1. Nachbarin:	Gelobt sei Jesus –
2. Nachbarin:	der Helfer, den Gott uns geschickt hat.
2. Sprecher:	Ach, sie rufen zu leise. Helft ihr ihnen rufen?

Der Sprecher teilt die Gottesdienstbesucher nach Bankreihen in vier Gruppen.

Die 1. Gruppe ruft:	Hosianna! *(Üben) Wenn der Esel kommt, stehen alle Kinder auf und winken dazu. (Üben)*
Die 2. Gruppe ruft:	Herr, hilf uns! *(Üben: Rufen und Winken)*
Die 3. Gruppe ruft:	Gelobt sei Jesus! *(Üben)*
Die 4. Gruppe ruft:	Der Helfer, den Gott schickt! *(Üben)*
2. Sprecher:	Ich denke, jetzt wird Jesus bald kommen. Weil er aussah wie einer von uns, kann ein Kind ihn heute spielen.

Kind auf einem Esel kommt von hinten. (Möglichst in weißem Gewand, aus Bettlaken. – Esel von zwei größeren Kindern gespielt, unter grauer Decke, mit Eselskopf, oder Esel aus Pappe.)

Mutter:	Ich glaube, ich seh' ihn von weitem!
2. Nachbarin:	Helft ihr uns rufen und winken?
2. Sprecher:	Wir fangen mal leise an …

Alle Gruppen rufen und winken, während „Jesus" auf dem Esel langsam nach vorne zieht: Erst leise – dann lauter – zum Schluß wieder leise. Der Kinderchor begleitet entsprechend (leise – laut – leise) mit Orff'schen Instrumenten. Wenn „Jesus" vor dem Altar ankommt, verbeugen sich alle Spieler und gehen hinter ihm her durch die Sakristei hinaus.
Ganz leise klingt die Melodie an von: Jesus zieht in Jerusalem ein …

2. Sprecher:	Viele Lieder handeln von dieser Geschichte. Eines singen wir jetzt alle gemeinsam:

2. Jesus zieht in Jerusalem ein, Hosianna!
Seht, er kommt geritten,
auf dem Esel sitzt der Herr.
Hosianna …

3. Jesus zieht in Jerusalem ein, Hosianna!
Kommt und legt ihm Zweige
von den Bäumen auf den Weg.
Hosianna …

4. Kommt und breitet Kleider
auf der Straße vor ihm aus!

5. Alle Leute rufen laut
und loben Gott, den Herrn!

6. Kommt und laßt uns bitten –
statt das „Kreuzige“ zu schrein:
Komm, Herr Jesu, komm, Herr Jesu,
komm, Herr Jesu, auch zu uns!

Text und Melodie: Gottfried Neubert, aus: Watkinson „111 Kinderlieder“, Verlag Ernst Kaufmann, Lahr und Christophorus Verlag, Freiburg

Aus der Praxis:

Die „Mutter“ und die beiden „Nachbarinnen“ wurden bei uns von jungen Frauen gespielt, die bis dahin nur eine lose Beziehung zur Gemeinde hatten. Sie spielten ihre Rolle sehr gut und sprachen auch laut genug. Seitdem kommt eine von ihnen regelmäßig mit 2 – 5 Kindern zum Kindergottesdienst. Auch die andern zeigen Lust, so etwas öfter zu machen.

Zur Einstimmung der Familien auf den Gottesdienst wurden in all unseren Kindergruppen (Kinderspielkreis, Kinderchor, Kindergottesdienst) von jedem Kind 1 – 2 „Palmzweige“ gebastelt: Etwa 30 cm lange, dünne Zweige wurden beidseitig mit einem grünen Krepppapierstreifen beklebt, den die Kinder dann links und rechts vielfach einschnitten. Die Zweige wurden mit nach Hause gegeben und führten zu häufigem Fragen: „Wann ist der Gottesdienst, wo wir winken sollen?“ Die meisten kamen tatsächlich – mit Zweig! Wer keinen hatte, bekam eben einen Tannenzweig.

Wir haben uns im Laufe der Jahre einen Vorrat an farbigen Stoffstücken zum Umhängen und einfachen Gewändern in verschiedensten Größen geschaffen – aus hübsch eingefärbter alter Bettwäsche. So konnten hier alle großen und kleinen Mitspieler ein Gewand und ein Umhängetuch zum Ausbreiten vor dem Altar bekommen. Auch farbige Bade- oder Handtücher lassen sich für den „Teppich“ verwenden.

Der Esel (fast lebensgroß) war bei uns schon vorhanden, von einem Krippenspiel her. Er war aus fünf Bogen grauem Plakatkarton doppelt zugeschnitten (siehe Zeichnung) und vor dem Zusammenkleben beider Teile innen durch angepinnte dünne Holzleisten verstärkt.

Auch die Erwachsenen haben bei uns mitgerufen und mitgewinkt. Es war schön, so viele Menschen, die sonst nur selten eine Kirche betreten, plötzlich rufen zu hören: „Gelobt sei Jesus", „der Helfer, den Gott schickt" – wieder und wieder, mal laut und mal leise, bis der Esel verschwand.

Friderun Krautwurm

Wenn der Adventskranz auf dem Tisch steht

Spielgedicht

Zu den einzelnen Versen bringen die Kinder entsprechende Gegenstände zu einem Tisch (einer Bühne, einer großen Decke auf dem Boden). Damit jedes Kind sich mehrmals beteiligen kann, sollten es möglichst viele Gegenstände sein, z.B.: der Adventskranz und vier Kerzen / viele Zweige/Mitra, Stab, Bart, Sack / Liederbücher und Instrumente / hübsch verpackte Geschenke / Schalen oder Teller mit Gebäck (nachher anbieten!) / von jedem ein selbstgebastelter Stern / eine lange, weiße Kerze oder Kerzen auf einem Holzkranz / Utensilien zum Krippenspiel / ein kleiner Christbaum oder größerer Tannenzweig / die leere Krippe und/oder einzelne Figuren / Lametta und Kugeln / eine elektrische Lichterkette im Karton usw.
Die gleichbleibenden Sätze werden von allen gesprochen bzw. wiederholt. Zu ... „dann ist Weihnachten nah ..." kann geklatscht werden, woran sich auch eventuelle Zuschauer beteiligen könnten.

1. Wenn der Adventskranz auf dem Tisch steht,
   dann ist Weihnachten nah, dann ist Weihnachten nah.
   Und schon in ein paar Wochen ist das schöne Fest da.

2. Wenn wir Barbarazweige schneiden,
   dann ist Weihnachten nah, dann ist Weihnachten nah.
   Und schon in ein paar Wochen ist das schöne Fest da.

3. Wenn wir den Nikolaustag feiern,
   dann ist Weihnachten nah, dann ist Weihnachten nah.
   Und schon in ein paar Wochen ist das schöne Fest da.

4. Wenn die Adventslieder erklingen,
dann ist Weihnachten nah, dann ist Weihnachten nah.
Und schon in ein paar Wochen (Tagen) ist das schöne Fest da.

5. Wenn wir Geschenke vorbereiten,
dann ist Weihnachten nah, dann ist Weihnachten nah.
Und schon in ein paar Wochen (Tagen) ist das schöne Fest da.

6. Wenn es nach Weihnachtsplätzchen duftet,
dann ist Weihnachten nah, dann ist Weihnachten nah.
Und schon in ein paar Wochen (Tagen) ist das schöne Fest da.

7. Wenn Sterne unsre Fenster schmücken,
dann ist Weihnachten nah, dann ist Weihnachten nah.
Und schon in ein paar Wochen (Tagen) ist das schöne Fest da.

8. Wenn uns von Luzia erzählt wird,
dann ist Weihnachten nah, dann ist Weihnachten nah.
Und schon in ein paar Wochen ist das schöne Fest da.

Aktion Weihnachtskette

Spielidee

Mit dieser „Aktion" sollen die Kinder motiviert werden, das eigene Verhalten in der Gruppe zu prüfen und sich zu bemühen, mit anderen freundlich und friedfertig umzugehen.
Wir brauchen für jedes Kind eine Schnur zum Auffädeln und entweder ein Papierschildchen oder eine kleine Styroporkugel mit dem Namen darauf; außerdem für alle gemeinsam einen großen Kasten mit Perlen von unterschiedlicher Größe und Schönheit (bunt, einfarbig, glänzend usw.).

Einleitende Erklärung:

„Die erste Kerze am Adventskranz brennt nun, und die Vorweihnachtszeit beginnt. Es ist die Zeit, in der wir auf das Christkind warten. Und wenn das Christkind ankommt, soll es sich wohl bei uns fühlen. Es soll gerne kommen.
Wenn ihr irgendwohin geht, vielleicht, um einen Geburtstag zu feiern, wollt ihr doch auch gut aufgenommen werden. Ihr wollt, daß alle lieb und freundlich zu euch sind. Dann fühlt ihr euch wohl. Für das Christkind wollen wir uns jetzt alle ganz besonders viel Mühe geben. Wir wollen nett zueinander sein, hier und zu Hause, nicht zanken und streiten, sondern freundlich und lieb sein, wo es möglich ist. Und damit das Christkind sieht, wie sehr ihr euch angestrengt habt, basteln wir ihm eine Weihnachtskette, die ihr dann an Weihnachten an den Christbaum hängen könnt – als euer ganz eigenes Geschenk für das Christkind."

Bastelarbeit:

Jedes Kind bekommt eine Schnur. Daran wird das Namensschildchen geknotet (oder geklebt) oder die Styroporkugel aufgefädelt. Am Ende jeden Tages sucht sich jedes Kind aus der großen Perlenkiste eine Perle aus, die zu seinem Verhalten an diesem Tag paßt. Ein Kind, das glaubt, daß es lieb war, nimmt sich beispielsweise eine glänzende bunte Perle; ein Kind, das einen „schlimmen" Tag hatte, fädelt eine unansehnliche Perle auf. So wird die Weihnachtskette jeden Tag länger. Jedes Kind wird sich bemühen, dem Christkind eine möglichst schöne Kette zu schenken.

Birgitt Siegl

Die Weihnachtszeit ist nicht mehr weit

Spielgedicht

Das Gedicht wird mit verteilten Rollen gesprochen: Einzelne Kinder sprechen die beiden mittleren Zeilen jeder Strophe, während die Gruppe die Handlungen ausführt, die im Gedicht benannt sind, und dabei gemeinsam die erste und vierte Zeile der Strophen spricht.

Die Weihnachtszeit, die Weihnachtszeit ist nicht mehr weit.
Drum sitzen wir jetzt hier im Kreis.
Wir sitzen still und sagen leis:
Die Weihnachtszeit, die Weihnachtszeit ist nicht mehr weit.

Die Weihnachtszeit, die Weihnachtszeit ist nicht mehr weit.
Wir zünden eine (heut zwei/heut drei/heut vier) Kerzen an
und reichen uns die Hände dann:
Die Weihnachtszeit, die Weihnachtszeit ist nicht mehr weit.

Die Weihnachtszeit, die Weihnachtszeit ist nicht mehr weit.
Im Kreis wir miteinander gehn
um den Adventskranz, das ist schön.
Die Weihnachtszeit, die Weihnachtszeit ist nicht mehr weit.

Die Weihnachtszeit, die Weihnachtszeit ist nicht mehr weit.
Nun stehn wir still. Wir sind so froh,
und darum sagen laut wir so:
Die Weihnachtszeit, die Weihnachtszeit ist nicht mehr weit.

Die Weihnachtszeit, die Weihnachtszeit ist nicht mehr weit.
Die Kerze (Kerzen) am Adventskranz hier,
sie sagt heut dir, sie sagt heut mir (sie sagen dir, sie sagen mir):
Die Weihnachtszeit, die Weihnachtszeit ist nicht mehr weit.

Über Nacht gefallen leis

2. Wieder einmal ist's soweit,
sonntags haben alle Zeit.
Mutter läßt das Stricken sein,
und Vater schmiert die Kufen ein.

3. Und Adrian, der kleine Mann,
zieht seine Winterstiefel an.
Auf dem Schlitten, hui geschwind,
rodeln Vater, Mutter, Kind.

Text: Renate Wurziger, Melodie: Ulrich Kolkmann

Arno, der Schneemann

2. Arno, der Schneemann,
steht vor unserm Haus.
Ich hab ihn ganz allein gebaut.
Das hat mir keiner zugetraut.
Und morgen, das weiß ich genau,
da bau ich ihm noch eine Frau.
Ja, Arno, der Schneemann,
sieht fantastisch aus.

3. Arno, der Schneemann,
steht vor unserm Haus.
Und alle Leute bleiben stehn,
um sich den Arno anzusehn.
Und mancher macht ein Foto dann
von Arno, meinem weißen Mann.
Ja, Arno, der Schneemann,
sieht fantastisch aus.

4. Arno, der Schneemann,
kurz war nur das Glück.
Wer hätte gestern das gedacht?
Es hat geregnet über Nacht.
Ein Häufchen Schnee, ein Schirm, ein Hut …
Der Regen tat ihm gar nicht gut.
Von Arno, dem Schneemann,
blieb nicht viel zurück.

5. Arno, der Schneemann,
hielt's nicht lange aus.
Wenn's wieder schneit, weiß ich genau,
daß ich bestimmt was Neues bau.
Ich bau 'ne Schneefrau vor dem Haus.
Sie hält's bestimmt viel länger aus.
Ja, Anna, die Schneefrau,
steht dann vor dem Haus.

Text: Rolf Krenzer, Melodie: Paul G. Walter, aus MC „Singen, Lachen, das steckt an", Musikbär-Verlag Paul G. Walter, Eichenweg 15 a, 6905 Schriesheim

Er ist der Größte

Spielszene

Die Erwachsenen (Eltern, Gäste) sitzen in Reihen hintereinander vor einer freien Fläche (evt. kleine Bühne), in der Mitte bleibt ein Gang frei.

Eingangsworte (und Tanzbeschreibung):

„Die Kinder, die jetzt gleich durch den Mittelgang hereinkommen werden, wollen uns erinnern, daß Gott als Kind zu uns gekommen ist. Ihrer gesungenen Aufforderung: Macht hoch die Tür, die Tor macht weit! wollen wir nachkommen, indem jeweils die Erwachsenen, die in jeder Reihe dem Mittelgang am nächsten sitzen, ein Tor bilden. Dazu legen Sie bitte ihre erhobene Hand in die des Partners auf der anderen Seite des Ganges. Treten Sie also ein wenig aufeinander zu, sobald der Zug der Kinder kurz vor ihrer Reihe angekommen ist."

Die Erzieher(innen) sitzen abwechselnd links und rechts neben dem Mittelgang, gehen also jeweils auf einen nichteingeweihten Partner (Eltern, Gäste) zu. Die kurze, bis auf die Schlußvariation ebenfalls dem bekannten Choral entnommene Unterstimme singen sie zuerst allein, dann werden nach und nach alle Gäste einstimmen können, so daß diese in Gesang und zum Teil auch in die Bewegung mithineingenommen werden, ohne daß vorher mit allen geübt werden muß.

Die Kinder singen:

Die Erwachsenen antworten:

Es wird solange gesungen, bis alle Kinder (wie die Orgelpfeifen hintereinander geordnet: die Größten zuerst!) durch die Tore hindurchgezogen sind und sich im Halbkreis zum folgenden Sprechspiel aufgestellt haben.

A *(der Kleinste):* So groß wird er sein! *(Macht dazu eine Handbewegung, die etwa der Größe von B entspricht.)*

B *(mittelgroß):* Nein, so groß! *(Macht dazu eine Handbewegung, die etwa der Größe von C entspricht.)*

C *(der Größte):* Nein, sooo groß! *(Stellt sich auf die Zehenspitzen und versucht mit einer Handbewegung die Größe eines großen Erwachsenen anzudeuten.)*

A Er wird in einem wunderschönen Haus wohnen …

B In einem Schloß, einem riesigen Palast!

D In einem einzigen nur?

C Er wird immer unterwegs sein zwischen allen großen Kirchen und Schlössern der ganzen Welt.

D Ist er reich?

C Ganz bestimmt.

D Ist er stark?

C Ganz bestimmt.

D/C *(hier weitere Fragen und Antworten je nach Vorlieben der Kindergruppe einfügen)*

D Kann er zaubern?

E Und fliegen?

F Und auf dem Wasser gehen?

C Ich glaube schon …

B Er kann bestimmt alles, was er will.

C Er ist der Größte!

G Er weiß alles.

H Er hört alles.

I *(Brillenträger):* Er sieht alles.

J *(etwas voller):* Er kann bestimmt ganz viel essen, ohne krank zu werden!

Die Dialoge lassen sich nach Absprache mit einzelnen Kindern ergänzen. Es ist wichtig, ihren Wünschen, Träumen und Ängsten behutsam zu folgen; niemand bloßzustellen oder lächerlich zu machen, mit Fingerspitzengefühl schon in der Kindergruppe zu erproben, was wie ankommt und versuchsweise zu klären, wie vielschichtig es sein kann, „über jemanden zu lachen", um Außenseitern in diese Situation hinein- (bzw. aus ihr heraus) zuhelfen …

C Er ist der Größte.

D Aber wann kommt er?

E Und von wo?

K *(aus dem Hintergrund)* Er ist schon da!

Die Kinder drehen sich erstaunt um, machen in der Mitte des Halbkreises etwas Platz und fragen:

Wo?

K *(tritt in ihre Mitte):* In einem Stall!

Alle *(ungläubig)* In einem Stall?

D Einem Schuppen?

E In einer Scheune?

F Einer Bruchbude?

Evt. andere, den Kindern bekannte, abwertende „Gebäudebezeichnungen" einsetzen oder ergänzen.

K — *(nickt, die Kinder schauen sich an, Stille …)*
A — *(neugierig und pfiffig)* Wie groß ist er?
C *(wißbegierig)* — Ja, wie groß?
K *(trocken)* — So klein *(deutet dazu die Größe eines Babys an)*
B — *(ungläubig und ein wenig enttäuscht)* Kleiner als der? *(zeigt dabei auf A, den Kleinsten)*
A — Das will ich sehen.

Mit K nach hinten ab, einige andere Kleine folgen, die Mittleren schauen unschlüssig auf die Großen, die sehen auf C, den Größten, der zuckt mit den Achseln, geht dann aber auch und der Rest folgt ihm in den Hintergrund. Dort stellen sich alle wieder zur Reihe auf (s. Bewegungsspiel zum Eingang), jetzt aber führt der Kleinste die nun durch Handfassung verbundenen Kinder. Die Größten folgen zum Schluß, Lied usw. wie eingangs beschrieben, jetzt zum Auszug …

Die hier notierte Fassung für 11 Sprechrollen läßt sich problemlos auf weniger oder auch mehr Kinder verteilen.

Du öffnest deine Wohnungstür

2. Und kommst du in den Gruppen-(Klassen-)raum,
da liegt auf deinem Tisch
ein Tannenzweig mit einem Licht,
und der ist auch für dich.
Du wunderst dich und siehst dann auch,
daß da ein Zettel hängt:
Nun rate, lieber Valentin,
wer heute an dich denkt.
Refr.: Das ist der Weihnachtswichtel …

3. Am Freitagnachmittag um fünf,
da klingelt es bei dir.
Du öffnest. Es ist keiner da.
Ein Brief liegt vor der Tür.
Ein Brief mit einem schönen Bild,
an dem ein Zettel hängt:
Nun rate, lieber Valentin,
wer dir das heute schenkt.
Refr.: Das ist der Weihnachtswichtel …

4. Da überlegst du hin und her.
Wer mag denn das nur sein?
Und wen du fragst, der lächelt nur
und sagt bedauernd: „Nein!"
Vielleicht könnt es der Carsten sein,
auch Markus oder Klaus,
die Steffi oder Ann-Katrein.
Du findest nichts heraus.
Refr.: Das ist der Weihnachtswichtel …

5. Du weißt nur, daß der Thomas auch
genau so ratlos ist.
Er merkt beim besten Willen nicht,
daß *du* sein Wichtel bist.
Erst heute hat der Thomas dich
schon wieder mal gefragt.
„Das kommt erst Weihnachten heraus!"
hast du ihm da gesagt.
Refr.: Das ist der Weihnachtswichtel …

Text: Rolf Krenzer, Melodie: Frank Stieper, aus MC „Dann fängt Weihnachten an", Musikbär-Verlag Paul G. Walter, Eichenweg 15 a, 6905 Schriesheim

Die Weihnachtswichtel sind unterwegs

Spielgedicht

Das nachfolgende Spielgedicht ermöglicht die Beteiligung vieler Kinder mit unterschiedlichem Anspruch an Lern- und Sprechvermögen. Die leicht verständliche, gereimte Sprache, die Wiederholungen und der Wechsel im Rhythmus erleichtern das Mit- und Nachsprechen. – Nach dem Spiel können die Kinder „Wichtel" sein und selbstgebastelte Sterne o. ä. zu den großen und kleinen Zuschauern bringen.

Einer: Vor den Weihnachtstagen
sollt ihr nicht viel fragen –
Alle: *(leise)* Warum? Wieso?
Einer: Denn ganz leis auf Zehen
seh' ich Wichtel gehen –
Alle: *(etwas lauter)* Warum? Wieso?
Einer: Bringen in den Taschen
den Kindern was zum Naschen –
Alle: *(lauter)* Warum? Wieso?
Einer: Und geht es dir mal schlecht,
dann helfen sie dir recht –
Alle: *(ungläubig)* Warum? Wieso?
Einer: Sie flöten, singen, bringen Sterne,
und haben alle Menschen gerne –
Alle: *(erstaunt)* Und warum?
Einer: Bitte fragt nicht so dumm,
schaut geschwind euch mal um!

Wechselnd: Der eine fegt die Zimmer,
der andre putzt die Schuh,

der singt beim Sternenschimmer
ein Lied zu guter Ruh.

Und einer deckt den Tisch
und macht die Blumen frisch.

Der kehrt die Treppe,
der wischt mal Staub,
der harkt im Garten das dürre Laub!

Sie bringen lauter Freude
ganz heimlich, still und leis'
für groß' und kleine Leute –

Alle: Seid still! Ich weiß! Ich weiß:
Es sind die Weihnachtswichtel!

Einer: Bis zu den Weihnachtstagen
gehn Wichtel durch das Land,
wir brauchen nicht zu fragen:
Wir haben sie erkannt!

Hildegard Kronenberg

Florian hat eine tolle Idee

Spielszene

Mitspieler: Sprecher; 7 Wichtel; Jan, Judith, Florian; Eltern, Großeltern; Kai, Dirk, Sabrina.
Falls die Kindergruppe klein ist, können die Wichtel, die nur in Teil I und II vorkommen, in Teil III die Rollen der Eltern, Großeltern und Freunde übernehmen.

I.

Jan, Judith und Florian liegen in ihren Betten.

Sprecher: Wißt ihr, wie das Wichteln entstanden ist? – Nein, dann paßt gut auf! Seht, da in den Betten liegen Judith, Jan und der kleine Florian und schlafen. Draußen ist finstere Nacht, und ringsum ist es mucksmäuschenstill. Doch, psst, da hör' ich doch etwas: tripp-trapp, tripp-trapp – psst: tripp-trapp, tripp-trapp – Wer da wohl angeschlichen kommt?

Ein Wichtel erscheint und singt die erste Strophe des Wichtelliedes:

Melodie: Volksgut

2. Wichtel: *(singt nach der gleichen Melodie)* Viel' gute Gaben bringen wir, bringen wir, bringen wir. Viel' gute Gaben bringen wir, bringen wir.

3. Wichtel: *(singt)* Doch darf uns keiner jemals sehn …

4. Wichtel: *(singt)* So bleiben wir stets unerkannt …

5. Wichtel: *(singt)* Doch werden wir einmal entdeckt …

6. Wichtel: *(singt)* So werdet ihr uns nimmer sehn …

7. Wichtel: *(singt)* Dann bleiben wir für immer fern …

Alle Wichtel: *(singen)* Wir Wichtel kommen Jahr für Jahr, Jahr für Jahr, Jahr für Jahr. Wir Wichtel kommen Jahr für Jahr, Jahr für Jahr.

1. Wichtel: *(legt Buntstifte auf Judiths Bett)* Die Buntstifte sind für Judith.

2. Wichtel: *(legt ein Puzzle auf Jans Bett)* Und das Puzzle ist für Jan.

3. Wichtel: *(legt eine Kassette auf Florians Bett)* Und die Musikkassette für Florian.

4. Wichtel: Kommt, kommt wir müssen uns beeilen.

5. Wichtel: Wir dürfen nicht länger hier verweilen.

6. Wichtel: Beschenken wollen wir noch manches Haus.

7. Wichtel: Drum kommt jetzt schnell, hinaus, hinaus!

Alle Wichtel: *(gehen singend ab)* Wir Wichtel kommen Jahr für Jahr, Jahr für Jahr, Jahr für Jahr.

Sprecher: Tripp-trapp, tripp-trapp: So leise wie die Wichtel gekommen sind, so leise sind sie wieder verschwunden. Draußen wird es schon hell. Na, Judith, Jan und der Florian werden schöne Augen machen, wenn sie gleich erwachen!

Judith: *(wacht auf, reibt sich die Augen)* Oh Buntstifte! Jan, Florian, seht nur, Buntstifte!

Jan und der kleine Florian wachen auf, schauen verwundert zu Judith, dann auf ihr eigenes Bett.

Jan: Ein Puzzle, hurra, ein Puzzle!
Florian: Jippijeh, jippijeh, eine Kassette hab ich, eine Kassette!

Die Kinder lachen und freuen sich; sie tanzen um die Betten.

Judith: Kommt, wir wollen uns die Kassette anhören.

Kinder gehen zum Kassettenrecorder; der kleine Florian legt die Kassette ein. Es ertönt das Wichtellied – gesungen von den sieben Wichteln, die sich im Hintergrund versteckt haben.

Jan: Mensch toll, die Wichtel waren wieder da. Judith, Florian, wißt ihr noch, im letzten Jahr haben sie mir ein Flohspiel gebracht.
Judith: Ja, und mir Glanzbilder.
Florian: Und mir ein Malbuch.
Jan: Wir wollen uns den Tag merken, dann wissen wir, wann die Wichtel wiederkommen.
Judith und Florian: Au ja, das machen wir.

Die Kinder gehen ab.

II.

Sprecher: Ein Jahr ist vergangen. Judith, Jan und der kleine Florian sind ganz aufgeregt, denn sie wissen: heute nacht werden die Wichtel wiederkommen. Aber müde sind sie auch. Besonders Jan und der kleine Florian; die beiden haben den ganzen Tag Fußball gespielt.

Die Kinder kommen leise zurück und legen sich in ihre Betten.

Sprecher: Psst, Jan und Florian sind schon eingeschlafen. Und Judith? Judith ist noch wach. Sie kann nicht einschlafen, viel zu aufgeregt ist sie. Aber die Augen hat Judith fest zugekniffen, denn sie weiß: Keiner darf die Wichtel sehen. Doch horch: tripp-trapp, tripp-trapp!

Die Wichtel erscheinen nacheinander, leise das Wichtellied dabei singend.

1. Wichtel: *(legt eine Puppe auf Judiths Bett)* Die Puppe ist für Judith.

Judith öffnet die Augen.

Sprecher: Aber seht nur, was Judith macht – sie öffnet die Augen und sieht die Wichtel an.
2. Wichtel: *(erschrocken)* Die Judith hat uns gesehen.
3. Wichtel: *(traurig)* Darum müssen wir jetzt gehen.
4. Wichtel: Nie wieder werden wir singen.
5. Wichtel: Nie wieder euch Gaben bringen.
6. Wichtel: Die Judith hat uns gesehen.
7. Wichtel: Darum müssen wir jetzt gehen.

Wichtel gehen ab. Judith weint.

Jan: *(wird wach)* Warum weinst du, Judith?

Judith: Ach Jan, die Wichtel waren da *(zeigt die Puppe)* und haben mir eine Puppe gebracht *(schluchzt)* – aber ich – ich – habe sie gesehen.

Jan: Psst, du weckst noch Florian auf. Hattest du vergessen, was die Wichtel gesungen haben?

Judith schüttelt traurig den Kopf.

Florian: *(singt)* Doch werden wir einmal entdeckt ...
so werdet ihr uns nimmer sehn ...

Judith: Ach Flori, du bist ja doch wach.

Florian: Ja, und ich habe alles mitangehört. Ich weiß auch schon, was wir jetzt machen: Wenn die Wichtel nicht mehr kommen, spielen wir eben selbst Wichtel.

Jan: Wie soll denn das gehen?

Florian: Das verrate ich erst morgen und jetzt Gute Nacht.

Judith u. Jan: Gute Nacht.

III.

Sprecher: Jetzt wollt ihr sicher wissen, was sich der kleine Florian ausgedacht hat. Wichtel spielen, wie sollte das gehen? – Na, ganz einfach: Am nächsten Tag schon zogen Florian, Judith und Jan los und sammelten Geschenke. Sie gingen zu Vater und Mutter, zu Großvater und Großmutter und zu Dirk, Kai und Sabrina, ihren Freunden. Jeder gab etwas. Die Geschenke wickelten die Kinder in schönes Geschenkpapier ein, legten sie in Mutters großen Wäschekorb und dann – warteten sie auf den Wichteltag. Ein Jahr lang mußten sie warten, aber jetzt ist es endlich soweit.

Die Kinder kommen mit dem Wäschekorb.

Sprecher: Seht, der kleine Florian, Judith und Jan schleppen den Wäschekorb herbei. Und der Vater, die Mutter, der Großvater, die Großmutter, Kai, Dirk und Sabrina *(erscheinen nacheinander)* sind auch da.

Florian: Großmutter, du darfst dir zuerst ein Geschenk nehmen.

Großmutter: *(nimmt ein Geschenk, packt es aus)* Wachsmalstifte habe ich bekommen!

Florian: Na, und jetzt die anderen.

Dirk: *(geht zum Korb, nimmt ein Geschenk)* Toll, einen Kreisel hab ich.

Kai: *(wickelt sein Geschenk aus)* Und ich einen Ring.

Sabrina: *(zeigt ihr Geschenk)* Hurra, ein Buch.

Mutter: Gummibärchen für mich.

Vater: Ich habe einen Malblock bekommen.
Großvater: Und ich bunte Luftballons.
Judith: Schaut nur, eine Haarspange.
Jan: Prima, Knetgummi.
Florian: Ein Auto hab ich, ein rotes Auto.
Judith: Das ist ein Spaß!
Jan: Jeder hat ein Geschenk; aber keiner hat gesehen von wem.
Florian: Genau wie bei den Wichteln.
Judith: *(zu Florian)* Flori, da hast du wirklich eine gute Idee gehabt.
Jan: Ja, von nun an wollen wir jedes Jahr wichteln.
Alle: *(tanzen und singen)*
Wir wollen wichteln Jahr für Jahr, Jahr für Jahr, Jahr für Jahr.
Wir wollen wichteln Jahr für Jahr, Jahr für Jahr.

Elke Kolodzey

Wenn es draußen dunkelt

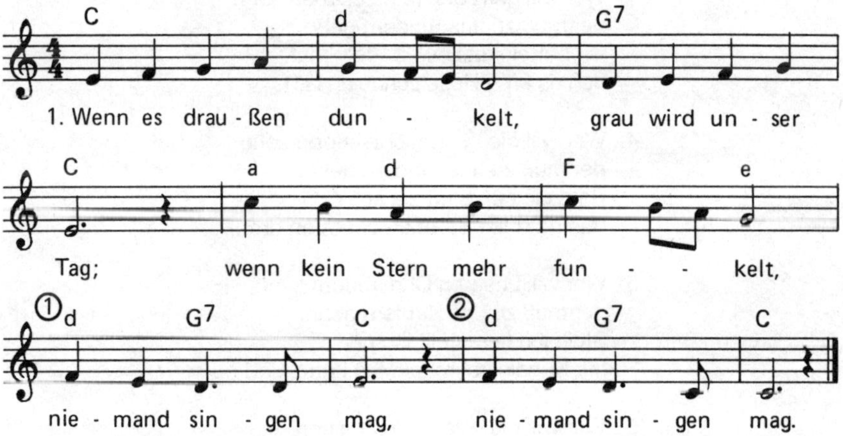

2. Wenn wir Wärme suchen
oder Fröhlichkeit;
wenn wir leise rufen:
Kalt ist diese Zeit,
kalt ist diese Zeit.

3. Da erscheint ein kleines
Licht in unsrer Nacht,
wärmt und glänzt und leuchtet,
sieh, wie froh es macht,
sieh, wie froh es macht!

Text und Melodie: Gabi Hoppmann

Wer will Plätzchenbäcker sehn

Spiellied

Das Spiellied ist nach der bekannten Melodie „Wer will fleißige Handwerker sehn?“ zu singen. Als Requisiten können die in der jeweiligen Strophe erwähnten Gegenstände eingesetzt werden. Jedes mitspielende Kind erhält einen Gegenstand im Original oder aus Pappe bzw. aus einem anderen Material gebastelt und führt die passende Bewegung aus. Die anderen Kinder können sie mit ihren Händen in der Luft nachvollziehen.

1. Wer will Plätzchenbäcker sehn,
der muß zu uns Kindern gehn.
Den Teig rollt aus, den Teig rollt aus,
feine Plätzchen stechet aus.

2. Wer will Päckchenpacker sehn,
der muß zu uns Kindern gehn.
Packet ein, packet ein,
die Gaben sollen fertig sein.

3. Wer will gern Schneeflöckchen sehn,
der muß zu uns Kindern gehn,
wir betteln fest, wir betteln fest,
daß es Frau Holle schneien läßt.

4. Wer will die Weihnachtskrippe sehn,
der muß zu uns Kindern gehn.
Baut sie auf, baut sie auf,
den goldnen Stern steckt oben drauf.

5. Wer will unseren Christbaum sehn,
der muß zu uns Kindern gehn.
Stellt ihn her, stellt ihn her,
mit Kugeln schmückt ihn kreuz und quer.

6. Wer will die roten Kerzen sehn,
der muß zu uns Kindern gehn.
Zündet an, zündet an,
ein jedes Licht strahlt, was es kann.

7. Wer will fröhliche Sänger sehn,
der muß zu uns Kindern gehn.
Stille Nacht, heilige Nacht,
wir singen, bis das Christkind lacht.

8. Wer will dankbare Leute sehn,
der muß zu uns Kindern gehn.
Wir helfen gern, wir helfen gern
allen Menschen nah und fern.

9. Wer will Heilig Abend sehn,
der muß zu dem Kinde gehn.
Kind im Stall, Kind im Stall,
wir singen dir mit lautem Schall.

Alfons Schweiggert

Die Tür zur Weihnacht

Spielszene

Dieses Spiel soll den Kindern verdeutlichen, was es bedeutet, wenn es in Weihnachtsliedern heißt „Machet die Türen und Tore weit auf“ und „Macht hoch die Tür“ etc. Die Advents- und Weihnachtszeit ist die Zeit der offenen Türen. Was können Kinder tun, um ihrerseits auch eine Tür zu öffnen?

Vor Beginn des Spiels wird eine Tür mit Kartons „zugemauert“. Dahinter stehen brennende Kerzen, ein Adventskranz mit brennenden Kerzen oder vielleicht sogar ein Lichterbaum.

1. Kind: Es ist Advent – die stille Zeit …
2. Kind: … und Weihnachten ist nicht mehr weit.
3. Kind: Wir warten, daß bald Weihnacht werde …
4. Kind: … für alle Menschen auf der Erde.
Alle: Macht alle eure Türen auf
hier in der Stadt, landab, landauf!
5. Kind: Die Türen müssen offen sein …
6. Kind: … bei allen Menschen, groß und klein.
7. Kind: Das Weihnachtslicht mit hellem Schein …
8. Kind: … kehrt dann erst in die Häuser ein.
Alle: Drum sagen wir, singt alle mit
bei unserm Weihnachtstürenlied!

Die Kinder singen das nachfolgende Lied, und bei jedem Refrain dürfen sie einen Karton oder mehrere – je nach Menge – wegnehmen, bis die Tür offen ist und das Licht hell erstrahlt.

2. Wenn ich lieb und artig bin
und dir Tannenzweige bring,
dann öffnet sich, es ist nicht schwer,
die Tür zur Weihnacht immer mehr.

3. Wenn ich dir 'was Schönes schenk
und mal nicht an mich nur denk,
dann öffnet sich, es ist nicht schwer,
die Tür zur Weihnacht immer mehr.

4. Wenn ich mich auch nicht mehr rauf'
und nicht so viel Süßes kauf',
dann öffnet sich, es ist nicht schwer,
die Tür zur Weihnacht immer mehr.

5. Wenn ich Oma oft besuch',
und auf niemanden mehr fluch',
dann öffnet sich, es ist nicht schwer,
die Tür zur Weihnacht immer mehr.

6. Wenn ich dich nicht immer stör'
und auch manchmal auf dich hör',
dann öffnet sich, es ist nicht schwer,
die Tür zur Weihnacht immer mehr.

Wir bauen eine Straße

Anspiel

Das Spiel eignet sich für eine Adventsfeier im Kindergarten oder als Anspiel im Gottesdienst.

Ein „Bautrupp" mit Schubkarren und allerlei Werkzeug betritt den Raum. Die „Bauarbeiter" hängen Tannenzweige auf und zünden Kerzen an.

1. Sprecher: Bahnt für den Herrn einen Weg durch die Wüste.
2. Sprecher: Baut in der Steppe eine ebene Straße für unseren Gott.
3. Sprecher: Jedes Tal soll sich heben,
jeder Berg und Hügel sich senken.
1. Sprecher: Was krumm ist, soll gerade werden,
und was hügelig ist, werde eben. (Jes 40,3 f.)

Alle Kinder singen gemeinsam:

2. Wir zünden dir ein Licht an.
Das soll ein Zeichen sein,
denn du bist schon ganz nahe
und ziehst bald bei uns ein.

3. Ein Blinder steht am Wege.
Er hat von dir gehört
und hofft, daß ihm ein Wunder
das Augenlicht beschert.

4. Er kann den Weg nicht finden
und wagt kaum einen Schritt.
Wir nehmen seine Hände
und bringen ihn dir mit.

5. Und bleibt in seinen Augen
für immer auch die Nacht,
so hat doch deine Liebe
sein Herz ganz hell gemacht.

2. Sprecher: Herr, dein Wort ist meines Fußes Leuchte
und ein Licht auf meinem Weg. (Ps 119,105)

Alle Kinder singen:

6. Wer hilft, dem ist geholfen,
weil der, der andre liebt,
erfährt, daß es nichts Größeres
als wahre Liebe gibt.

7. Wir bauen eine Straße
für dich, Herr Jesus Christ,
weil du mit den Allerärmsten
zu uns auf dem Wege bist.

3. Sprecher: Herr, ich vertraue auf dich.
Zeige mir den Weg, den ich gehen soll. (Ps 143,8)

Während des Liedes hat der Bautrupp eine imaginäre Straße von den Bankreihen zum Altar „gebaut" (mit kleinen Steinen markieren). Nach Beendigung des Liedes erfolgt die Einladung an alle Kinder und auch an die Gemeinde, den Weg zu gehen.

Vierundzwanzig gute Taten

Spiellied

Die Kinder bilden einen Kreis um ein großes (imaginäres) Paket. Sie tanzen zum Refrain um das Paket herum. Zu den Versen stellen sie die einzelnen Weihnachtswünsche pantomimisch dar und legen sie ins Paket hinein.

2. Schuhe putzen,
Freude zeigen,
wenn es sein muß, auch mal schweigen,
nichts verschmutzen,
Abwasch machen
und mit dir ganz einfach lachen.
Und eins, zwei, drei – siehst du es nicht,
brennt am Kranz das zweite Licht.

3. Ordnung machen,
artig bleiben,
und 'ne gute Note schreiben,
mit dir lachen,
früh aufstehen
und mit Fifi Gassi gehen.
Und eins, zwei, drei ist's nicht mehr weit,
schon beginnt die Weihnachtszeit.

4. Plätzchen backen,
Fenster schmücken
und die Tannenzweige pflücken,
Päckchen packen,
Schrank aufräumen
und mit dir was Schönes träumen.
Und eins, zwei, drei, du glaubst es kaum,
stehn wir unterm Weihnachtsbaum.

Schluß:
I: Diesen Weihnachtswunschkalender
schenk ich dir zum Weihnachtstag.
Vierundzwanzig gute Taten
und noch mehr, weil ich dich mag. :I

Wir bauen eine Türe

Anspiel

Ein „Bautrupp“ mit Bausteinen, die aus Pappschachteln gemacht und bemalt sind, tritt auf. Zwei „Bauarbeiter“ tragen den „Querbalken“ (breiter Streifen aus steifem Karton).
Die Gemeinde beginnt mit folgendem Lied:

(Psalm 118, 26)

1. Sprecher: Macht die Tore weit
und die Türen in der Welt hoch,
daß der König der Ehren einziehe.

2. Sprecher: Wer ist der König der Ehre?

3. Sprecher: Es ist der Herr, stark und mächtig,
der König der Engelscharen.
Er ist der König der Ehre. (Ps. 24,7 ff.)

Alle: Machet die Tore weit
und die Türen in der Welt hoch.

Die Kinder singen nach der Melodie „Wir bauen eine Straße“ (s. S. 53):

1. Wir bauen eine Türe
für dich, Herr Jesus Christ.
Wir machen sie ganz weit auf,
weil du unser Retter bist.

2. Wir bauen eine Türe
und schreiben groß darauf:
Die Türe, die wir bauen,
die steht euch allen auf.

3. Wir bauen eine Türe,
die keinen Riegel hat,
denn wir sind lauter Freunde
in unsrer schönen Stadt.

4. Wir bauen eine Türe
und schließen sie nicht zu.
Wir brauchen keine Wächter
und kommen doch zur Ruh.

5. Wir holen auch die Ärmsten
in unsre Stadt hinein.
Für die, die Hilfe brauchen,
soll Weihnachten bald sein.

6. Geht mit uns durch die Türe
hinein und auch hinaus,
denn jeder, der zu uns kommt,
ist bei uns ganz zu Haus.

7. Wir bauen eine Türe
für dich, Herr Jesus Christ.
Wir machen sie ganz weit auf,
weil du unser Retter bist.

2. Sprecher: Tretet mit Dank durch seine Tore ein.
Kommt mit Lobgesang in die Vorhöfe seines Tempels.
Dankt ihm. Preist seinen Namen! (Ps 100,4)

Während des Liedes haben die „Bauarbeiter" zwei Türpfosten „hochgemauert" und den Querbalken oben darübergelegt. Nun ziehen die Kinder (bzw. die Gemeinde) durch das Tor, indem sie eine Kette bilden und gemeinsam „Macht hoch die Tür" singen.

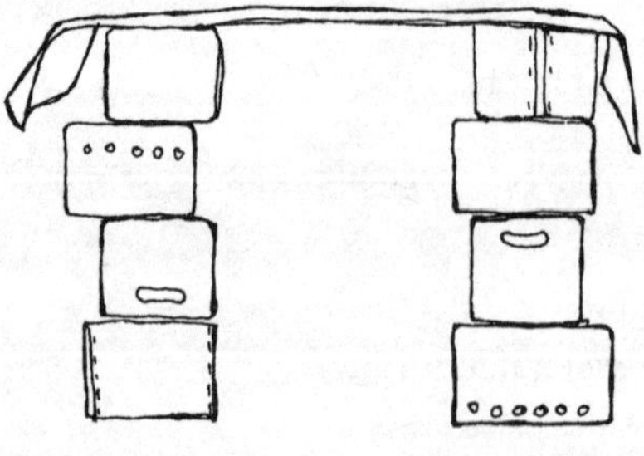

Tannenbaum, Tannenbaum

Meditation

Kinder und Erwachsene versammeln sich um eine Tanne, die auf dem Gelände der Kirche, des Kindergartens oder an einer öffentlich zugänglichen Stelle steht. In der Begrüßung werden vor allem die Erwachsenen angesprochen.

Begrüßung:

Ein Weihnachtsfest ohne Tannenbaum – das können wir uns fast nicht denken. Da würde den meisten von uns etwas ganz Wichtiges fehlen. Tannenbäume, Tannensträuße, Gestecke und Kränze aus Tannenzweigen – durch die ganze Advents- und Weihnachtszeit hindurch begleitet uns das Grün der Tanne.
„Oh Tannenbaum, oh Tannenbaum, dein Kleid will mich was lehren“, singen wir im Lied. Das „Kleid“ der Tanne, ihre immergrünen Nadeln, was wollen sie uns lehren? Sie „grünen“ nicht nur zur Sommerzeit, nein, auch im Winter, wenn es schneit, und sind so ein Sinnbild für Beständigkeit und Zuverlässigkeit.
„Ich will sein wie eine grünende Tanne“, verspricht Gott seinem Volk (Hos 14,9). Das soll heißen: wie einer, auf den man sich immer und jederzeit verlassen kann, wie eine Hoffnung auf Leben in einer Zeit der Finsternis und des Todes.
Wenn wir uns einen Tannenzweig genau anschauen, dann erkennen wir, daß jedes Zweiglein die Form des Kreuzes bildet. Krippe und Kreuz gehören zusammen. Beide erinnern uns an Jesus, der in der Krippe zur Welt gekommen und am Kreuz gestorben ist.
In einer Zeit, in der jede zweite Tanne krank ist, in der unsere Wälder vom Tod bedroht sind, wollen wir einhalten und bedenken, daß Gott seine Schöpfung in unsere Hände gegeben hat, damit wir sie pflegen und erhalten für alle, die nach uns kommen. Die Schöpfung ist ein Wunder. Wir empfangen täglich ihre guten Gaben. Wir haben ihr zu dienen.
Gott zeigt sich uns immer neu durch seine Schöpfung. Er zeigt sich uns durch Jesus, den er zur Erde schickte und damit zu einem Teil der Schöpfung machte.

1. Sprecher: Der Himmel freue sich und die Erde sei fröhlich.
Das Meer brause und was darinnen ist.

2. Sprecher: Das Feld sei fröhlich und alles, was darauf ist.
Alle Bäume im Walde sollen jauchzen vor dem Herrn.

3. Sprecher: Der Herr kommt.
Er kommt, um das Erdreich (die Erde) in Ordnung zu bringen.
(Ps 96,11 f.)

Die Kinder schmücken die Tanne mit Lichtern. Sie bilden einen Kreis um die Tanne. Die Erwachsenen bilden den Außenkreis.

Die Kinder singen das Lied vom Tannenbaum:

2. Tannenbaum …
   du gibst uns ein Zeichen, und unsre Ängste weichen,
   Tannenbaum …

3. Tannenbaum …
   deine Lichter glänzen fröhlich zu unsern Tänzen.
   Tannenbaum …

Nach dem Lied wird die Geschichte „Ein Tannenbaum erzählt“ vorgelesen:

„Du hast ja einen Lichtermantel angezogen“, sagt die Kohlmeise zum Tannenbaum. Sie hatte gerade im Meisenring Platz genommen. Ihr Hunger war groß. Doch der Lichtermantel gefiel ihr so gut, daß sie zuerst einmal mit der Tanne reden mußte. Die kleine Tanne holte tief Luft. Da pickte die Meise schnell einen Sonnenblumenkern aus dem Ring und strich auch ein wenig Fett in ihren Schnabel.
„Heute ist Weihnachten“, sagte die Tanne. „Gestern haben sie mich geschmückt.“

„Du bist schön", flötete die Meise. So etwas hatte sie noch nie gesehen. Sie war ja noch kein Jahr alt.
„Das ist nun das dritte Mal", berichtete die Tanne. „Vorher habe ich niemals einen Lichtermantel getragen. Da war ich aber auch noch sehr klein."
„Wo warst du denn, ehe du hierher gekommen bist?" fragte die Meise.
„Das ist eine lange Geschichte. Aber ich will sie dir erzählen", antwortete die Tanne, und man merkte ihr an, daß sie ein wenig traurig wurde. „Es ist jetzt drei Jahre her. Ich hatte gerade einen dicken Schneemantel bekommen. Meine vielen Schwestern und Brüder auch. Wir standen auf einem großen Abhang und konnten weit ins Tal sehen. Wir bekamen auch oft Besuch von netten kleinen Vögeln. Sie hatten viel Hunger in dieser Zeit.
Eines Tages hörte ich Stimmen. Es waren Menschen. Sie hatten so etwas Grausames in den Augen und schauten sich dauernd an. Da bekam ich Angst. Sie gingen aber an mir vorbei. Ich hörte nur, wie viele meiner Brüder und Schwestern laut schrien. Es waren gerade die schönsten unter uns. Dann war alles wieder still. Ich wollte nur noch schlafen. Da kamen plötzlich ein Mann und ein Junge auf mich zu. Sie hatten aber nicht so böse Augen.
‚Papa, der gefällt mir', sagte der Bub. Der Mann antwortete: ‚Ja, den nehmen wir. Der Förster kriegt fünf Mark dafür. Wir stehlen unseren Weihnachtsbaum nicht.' Ich fürchtete, daß ich nun auch sterben müßte. Aber es hat gar nicht weh getan. Sie haben mich ganz vorsichtig ausgegraben. Sogar ein Stück von der gefrorenen Erde. Sie mußten sich mächtig anstrengen. Dann haben sie meine Wurzeln in ein Tuch gepackt und mich mit einem Auto hierher gebracht."
„Und was war dann?" fragte die Meise aufgeregt.
„Zuerst stand ich in einer warmen Stube in einem Topf. Da brauchte ich keinen Schneemantel mehr. Sie haben mir viel Wasser zu trinken gegeben. Als sie mir den Lichtermantel angezogen haben, war ich ganz stolz. Dann haben sie fröhliche Lieder gesungen, der Mann und der Junge, eine Frau und zwei Mädchen. Die Lieder waren ganz anders als deine. Als der Schnee getaut war, haben sie mich im Garten eingegraben. Und nun bekomme ich meinen Lichtermantel hier draußen. Darauf freue ich mich das ganze Jahr über."
„Und ich freue mich", sagte die Kohlmeise, „daß ich dich besuchen kann. Du hältst mir das Futter so schön hin, daß ich mich vor dem Winter nicht zu fürchten brauche."

Nach der Geschichte reichen sich alle die Hände und ziehen um den Tannenbaum – der äußere Kreis in entgegengesetzter Richtung.

1. Sprecher: Voll Freude werdet ihr fortziehen.
Wohlbehalten kehrt ihr zurück.
2. Sprecher: Berge und Hügel werden jubeln, wenn sie euch sehen.
3. Sprecher: Alle Bäume auf dem Felde werden Beifall klatschen. (Jes 55, 12 f.)

Alle Teilnehmer klatschen und ziehen miteinander zum Gemeindehaus oder Kindergarten, wo sie sich bei Glühwein und heißem Kakao aufwärmen.

Seht, die erste Kerze brennt

Spiellied

Das erste Kind kommt mit einer brennenden Kerze. Es kann auch eine Kerze selbst anzünden.

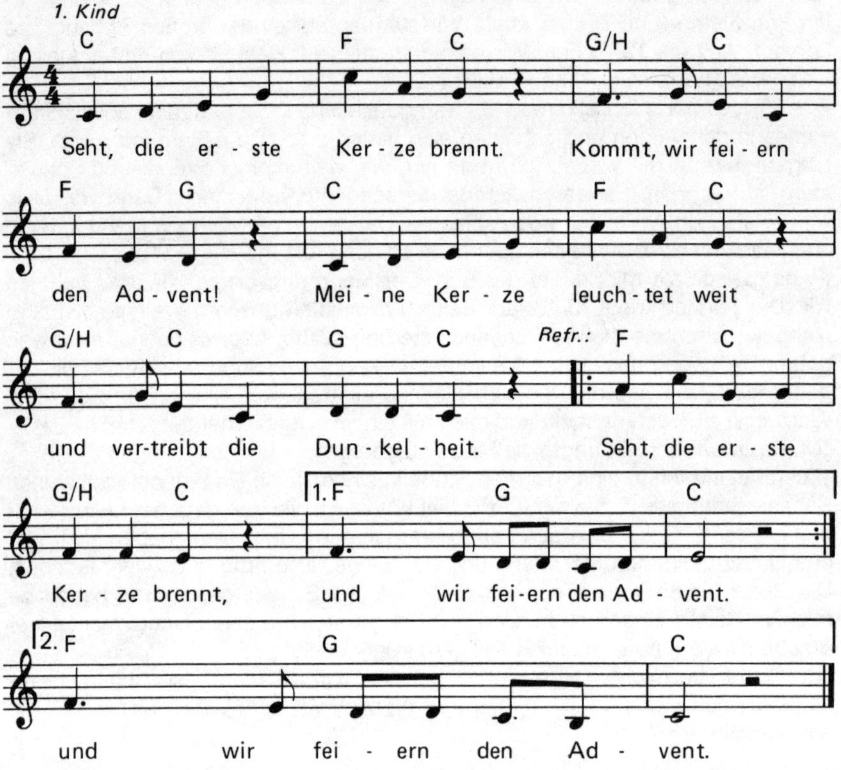

2. Kind: *(zündet seine Kerze an der ersten Kerze an und singt)*
Zündet jetzt die zweite an! Freut euch alle mit daran.
Mit des hellen Lichtes Schein, zieht die Freude bei uns ein.
1. + 2. Kind: Seht, die zweite Kerze brennt, und wir feiern den Advent.
3. Kind: (*zündet seine Kerze an der zweiten an)*
Seht, drei Kerzen brennen schon.
Gott schickt Jesus, seinen Sohn
zu uns in die Welt hinein. Er wird immer bei uns sein.
1., 2. + 3. Kind: Seht, die dritte Kerze brennt, und wir feiern den Advent.

4. Kind: *(zündet seine Kerze an der dritten an)*
Ganz behutsam und zuletzt zünd' ich an die vierte jetzt.
Macht euch alle nun bereit: Weihnachten ist nicht mehr weit!

Alle vier Kinder mit ihren Kerzen:
Seht, die vierte Kerze brennt, und wir feiern den Advent.

Alle Kinder dürfen nun eine Kerze anzünden und vor sich auf ihren Platz stellen. Gemeinsam singen sie:

Die Kerzensprache

Lichterspiel

Welche Bedeutung hat das Licht gerade in der Weihnachtszeit? Dieses Spielstück versucht, den Kindern dies bewußt zu machen. Kinder versuchen einander zu erklären, was es mit dem Adventslicht auf sich hat.

Die Kinder sitzen im Kreis, in der Mitte steht der Adventskranz mit vier Kerzen. Sie beginnen mit einem Lied.

2. Nun zünden wir die Kerzen an.
Macht mit! Kommt alle her!
Das Kerzenlicht, es strahlt uns an
und das freut uns so sehr,
denn es sagt leise: „Seid bereit,
Weihnachten ist nicht mehr weit.“

3. Nun zünden wir die Kerzen an.
Es glänzt der helle Schein,
und er erinnert uns daran:
„Es wird bald Weihnacht sein."
Er sagt uns leise: „Seid bereit!
Weihnachten ist nicht mehr weit."

1. Kind: Warum zünden wir eigentlich in der Weihnachtszeit Kerzen an?
2. Kind: Weil Advent ist.
3. Kind: Wir freuen uns auf Weihnachten ...
4. Kind: ... und auf das Kind in der Krippe.
2. Kind: Die Kerzen sagen: Bald ist Weihnachten.
1. Kind: Kerzen können doch nicht sprechen.
2. Kind: Klar! In der Kerzensprache!
1. Kind: Das verstehe ich nicht.
Die anderen: Ich auch nicht, ich auch nicht.

Das 2. Kind steht auf und macht das Licht aus.

2. Kind: Ich zeige es euch.
3. Kind: Uihh, ist das dunkel.
4. Kind: Schnell, mach das Licht wieder an. Ich hab' Angst.
1. Kind: Das ist ja richtig gruselig.

Ein Streichholz zischt, und das 2. Kind zündet die erste Kerze am Adventskranz an, dann, nach einer kurzen Pause, die zweite, die dritte, die vierte. Die Kinder atmen erleichtert auf.

1. Kind: Gott sei Dank.
3. Kind: Wie schön das Licht brennt.
4. Kind: Jetzt ist es richtig gemütlich.
1. Kind: Und kuschelig warm.
4. Kind: Angst habe ich jetzt keine mehr. Danke, Licht.
2. Kind: (*lacht*) Haha. Ihr versteht die Kerzensprache ja doch.
1. Kind: Oh, ich mag die Kerzensprache.
3. Kind: Das kribbelt so richtig schön im Bauch.
2. Kind: Die Kerzen sagen: Freut euch und fühlt euch ganz doll wohl! Hört ihr es auch?
4. Kind: Ja. (*überlegt*). Das gibt's aber nicht nur zu Weihnachten. Als unsere Katze Junge kriegte, hab ich mich auch so froh gefühlt.
1. Kind: Ich auch. Als meine Oma aus dem Krankenhaus kam.
3. Kind: Als ich mich mit Benni wieder versöhnte.

Das Gespräch läßt sich beliebig fortsetzen. Alle Kinder im Kreis überlegen sich, wann es ihnen mal warm ums Herz geworden ist. Wenn der Erzählstrom nachläßt, singen alle zusammen das „Danke-Lied".

2. Wenn am Kranz die Kerze brennt,
klopft mein Herz ganz laut,
und dann klopft es,
und dann pocht es,
und ich krieg 'ne Gänsehaut.
„Danke", sag ich leise dann,
„daß ich mich so freuen kann.

3. Weil bald wieder Weihnacht ist,
fühl ich mich so froh,
und dann krabbelt's,
und dann zappelt's,
und es brodelt lichterloh.
„Danke", sag ich leise dann,
„daß ich mich so freuen kann."

4. Und wenn wir zusammen sind
unterm Weihnachtsbaum,
spür ich's klingen,
hör ich's singen
wie im allerschönsten Traum.
„Danke", sag ich leise dann,
„daß ich mich so freuen kann."

Andere froh machen

Spielidee

Dieses Spiel ist zur Vorführung bei einer Adventsveranstaltung für Eltern gedacht. Es kann als Anregung für Besuche bei Menschen verstanden werden, die eine Freude nötig haben. Wichtig ist, in einem vorausgehenden Gespräch mit den Kindern zu klären, wer besucht werden könnte. Hierbei soll die Aufmerksamkeit der Kinder auf die Nöte der Menschen in ihrer nächsten Umwelt gelenkt werden: z.B. auf den Bruder von A, der sich den Arm gebrochen hat, oder auf Anjas Vater, der schon länger in der Klinik liegt; auf Susis Oma, die seit Opas Tod oft traurig ist, auf die Portugiesen, deren Vater unlängst arbeitslos wurde, auf die Leute (Aussiedler) aus Rußland, die kaum deutsch sprechen können ...

Vorbereitete Tannenzweige (zwei oder mehr Tannenzweige mit einem Band zusammenbinden und mit einer Schleife versehen) auf dem Boden zu einem Kranz legen. Die Kinder sitzen im Halbkreis (zu den Zuschauern hin offen) um den Tannenkranz. Sie spielen Besuchsszenen: Je zwei Kinder bringen einer Asylantenfamilie, einem einsamen alten Mann, einer kranken Frau usw. einen Tannenzweig, den sie aus dem Kranz auswählen. Die Mitspieler sind verkleidet, das kleine Gespräch kann aus dem Stegreif gesprochen werden. Zwischen den einzelnen Szenen sagen alle die jeweils nächste Strophe des folgenden Gedichts:

1. Wir bringen dir heut diesen Tannenzweig,
   mit Schleife und roter Kerze.
   Wir wünschen von Herzen dir gute Zeit,
   viel Freude und wenig Traurigkeit,
   denn jetzt im Advent ist das Christfest nicht weit.

2. Wir bringen dir heut diesen Tannenzweig
   und bitten, zünd an diese Kerze.
   Wir wünschen von Herzen dir gute Zeit,
   viel Freude und wenig Traurigkeit,
   denn jetzt im Advent ist das Christfest nicht weit.

3. Wir bringen dir heut diesen Tannenzweig
   und singen dir auch ein Adventslied.
   Wir wünschen von Herzen dir gute Zeit,
   viel Freude und wenig Traurigkeit,
   denn jetzt im Advent ist das Christfest nicht weit.

Gut wäre, wenn wenigstens *ein* wirklicher Besuch durchgeführt werden könnte. Als Mitbringsel wählen wir besonders schön gebundene Zweige aus (Bänder und Kerzen in der gleichen Farbe). Zusätzlich könnte das Gedicht mit einem kurzen Brief nach Hause mitgegeben werden. Vielleicht wird dadurch die eine oder andere Familie motiviert, sich zu besinnen, wen sie mit einem Adventszweig besuchen könnte.

Frau Götzlers neuer Baum

Spielidee

Das folgende Spiel soll zum Nachdenken anregen. Jedes Jahr werden ein paar Millionen Weihnachtsbäume abgeschlagen, nur um für eine oder zwei Wochen unser Bedürfnis nach weihnachtlicher Atmosphäre zu stillen. Selbst der Einwand, daß Weihnachtsbäume ja extra für Weihnachten gezogen würden oder sowieso ausgelichtet werden müßten, sollte uns nicht daran hindern, diesen Brauch kritisch zu hinterfragen. Eine Aufführung bei einer Weihnachtsfeier mit Eltern kann eine sehr wirkungsvolle Diskussion auslösen.
Wir brauchen für das Spiel: Frau Götzler (die Erzieherin), Ulrike (die Praktikantin), Kinder. Außerdem brauchen wir einen „Adventsbaum", den man immer wieder neu zusammenstecken kann. Beim Schreiner können wir uns die Teile aus Holz anfertigen lassen (Anleitung s. S.71).

Frau Götzler: Guten Morgen, Kinder! Kommt, wir setzen uns alle zusammen hier in unseren Stuhlkreis. Hat jeder einen Stuhl? Ulrike, kannst du für den Holger noch einen Stuhl holen. So, jetzt sind wir alle zusammen.

Ulla: Heute müssen wir ein Weihnachtslied singen!

Fred: Oder ein Adventslied!

Frau Götzler: Warum das denn?

Peter: Du bist aber dumm! Weil doch jetzt Advent ist!

Petra: Wir haben zu Hause gestern den Adventskalender aufgehängt. Und heute morgen habe ich das erste Türchen aufgemacht.

Heiner: Wir haben gestern aus Zweigen einen Adventskranz geflochten.

Lilo: Schade, im Kindergarten ist gar nichts.

Frau Götzler: Vielleicht doch!

Knut: Basteln wir zusammen einen Adventskranz?

Hanne: Oder gibt es einen richtigen Weihnachtsbaum?

Alle: Ja, so einen Weihnachtsbaum wie letztes Jahr!

Frau Götzler: Nein! In diesem Jahr gibt es keinen Adventskranz und auch keinen Weihnachtsbaum!

Lilo: Das ist aber schade! Der Weihnachtsbaum war so schön bei der Weihnachtsfeier!

Frau Götzler: Ja, und dann seid ihr nach Hause gegangen, und ich habe den Schmuck von dem Weihnachtsbaum abgenommen. Und dann habe ich ihn zum Müll gestellt.

Knut: Den schönen Weihnachtsbaum?

Frau Götzler: Ja, niemand wollte ihn haben. Eure Eltern hatten schon Weihnachtsbäume. Und bei mir zu Hause gibt es keinen Weihnachtsbaum.

Petra: Feierst du nicht Weihnachten?

Frau Götzler: Natürlich tu ich das! Und meine Kinder freuen sich genauso drauf wie ihr.

Peter: Ich weiß nicht! Ohne Weihnachtsbaum!

Ulrike: Die Frau Götzler hat etwas anderes!

Heiner: Stimmt das, Frau Götzler?

Frau Götzler: Ja, wir haben zu Hause einen Adventsbaum! Den haben wir uns aus Holz gebaut. Und der Schreiner hat uns ein bißchen dabei geholfen.

Ulla: Den Adventsbaum möchte ich auch mal sehen!

Frau Götzler: Da braucht ihr nicht lange zu warten! Die Ulrike und ich waren gestern beim Schreiner. Und wir haben die Bretter für den Adventsbaum schon hier.

Ulrike: Kommt mit mir! Wir holen sie! Nein, nicht alle auf einmal! Der Knut und der Peter, die Ulla und die Heidi. Das reicht schon!

Sie winkt den Kindern und führt sie hinaus. Bald darauf kommen sie mit dem Material für den Adventsbaum zurück.

Frau Götzler: So, nun legt alles hier in die Mitte. Seht ihr, aus diesem Holz können wir jedes Jahr wieder einen Adventsbaum bauen.

Knut: Dann braucht man ihn nicht nachher in den Müll zu werfen?

Frau Götzler: Man baut ihn auseinander und hebt die Teile auf für nächstes Jahr.

Während des Gesprächs beginnen Frau Götzler und Ulrike den Baum zusammenzubauen. Kinder helfen.

Lilo: Dann braucht man auch keine Weihnachtsbäume im Wald mehr umzuschlagen.

Ulrike: Es werden doch extra so viele Weihnachtsbäume gezogen, damit sie vor Weihnachten gefällt werden können.

Frau Götzler: Und warum? Nur für den Heiligen Abend oder für die Weihnachtsfeier? Weil wir die Geburt Jesu feiern wollen, müssen so viele junge Bäume sterben. Das paßt nicht zusammen.

Heiner: Er ist ja schon fast fertig.

Frau Götzler: Ist er nicht schön? Er sieht genauso aus wie der Adventsbaum bei mir zu Hause.

Ulla: Aber er ist nicht grün!

Ulrike: Wenn ihr wollt, malen wir ihn grün an.

Heiner: Und kein Lametta und nichts ist dran.

Ulla: Noch nicht einmal Kerzen!

Ulrike: Natürlich, Kerzen! Ich hole sie ja schon!

Sie geht ab und kommt mit acht dicken Kerzen zurück.

Ulrike: Helft mir mal! Auf jeden breiten Lattenzweig kommen zwei Kerzen. Immer ganz links eine und ganz rechts eine. Ja, so soll es sein!

Frau Götzler: Und zum ersten Advent zünden wir die beiden Kerzen hier unten an. Seht ihr?

Sie zündet die beiden Kerzen an.

Peter: Und nächste Woche die beiden darüber!

Petra: Und bei der Weihnachtsfeier brennen dann alle Kerzen!

Frau Götzler: Richtig! Aber bis dahin müssen wir noch viele schöne Dinge auf den Adventsbaum stellen. Jeden Tag etwas besonders Schönes.

Bernd: Dann müssen wir heute aber schon damit anfangen.

Ulrike: Wir könnten etwas basteln und es hier hinstellen.

Ulla: Oder ein Bild malen und es an einen Zweig hängen.

Knut: Oder Plätzchen backen. Das schönste Plätzchen dann für den Baum!

Heiner: Und dazu muß Frau Götzler eine Geschichte erzählen.

Petra: Oder die Ulrike.

Frau Götzler: Und wir könnten dann alle noch ein Lied singen.

Lilo: Schade, daß wir jetzt noch gar nichts haben!

Ulla: Wir haben doch noch die Laterne! Natürlich! Die Laterne vom Martinszug.

Sie rennt los und holt die Laterne.

Ulla: Seht nur, eine Kerze ist auch noch drin.

Frau Götzler: Das paßt ja genau zum ersten Advent! Eine Laterne mit einer Kerze!

Bernd: Und du kannst dich sogar noch ausruhen. Die Geschichte vom Martin brauchst du uns nicht zu erzählen. Das können wir allein.

Frau Götzler: Das ist gut! Dann erzählt ihr jetzt die Martinsgeschichte, und ich denke mir für morgen eine ganz besonders schöne Adventsgeschichte für euch aus!

Heiner: Eine lustige!

Petra: Eine spannende!

Frau Götzler: Jetzt seid ihr erst mal dran. Wie war das mit dem Martin, als er noch ein Soldat war?

Die Kinder erzählen mit ihren eigenen Worten die Geschichte von dem heiligen Martin und dem Bettler. Ulrike geht leise hinaus und kommt mit der Gitarre zurück.

Ulrike: Und jetzt können wir noch zusammen ein Lied singen. Ein Martinslied oder ein Adventslied?

Die Kinder entscheiden selbst und singen dann mit Frau Götzler und Ulrike das Lied.

Frau Götzler: (*danach*) Na, der Adventsbaum gefällt euch wohl doch?

Petra: Und wie, Frau Götzler!

Der Adventsbaum

Bastelanleitung

Aus Skandinavien kommt der Brauch, keinen richtigen Baum abzuholzen, sondern einen Adventsbaum zu bauen, der jedes Jahr immer wieder verwendet werden kann. Wir haben diesen Adventsbaum in der Adventszeit nun bereits über zehn Jahre in unserer Familie und in der Schule aufgestellt. Als wir auf den Wunsch der Kinder einmal wieder den „richtigen" Weihnachtsbaum hatten, meinten später alle, daß der Adventsbaum doch viel schöner sei. So freuen wir uns Jahr für Jahr darüber. Weil ein solcher Adventsbaum erfahrungsgemäß viele Jahre lang immer wieder aufgestellt wird, muß er recht stabil sein. Am besten ist es, wenn man sich vom Schreiner die einzelnen Bretter sägen läßt, die dann mit dem Hauptstamm verfugt werden. Der Baum kann grün gebeizt oder so belassen werden, wie er ist, nur mit farblosem Lack oder weißem Bohnerwachs überzogen. Seine breiten Tragflächen bieten genügend Platz, jeden Tag etwas Besonderes daraufzustellen oder daranzuhängen, z.B. selbstgebackene Plätzchen und Lebkuchen, Äpfel und Nüsse, Bastelarbeiten, Weihnachtsnachtigallen, Strohsterne, aus Plastilin oder Ton gewerkte Krippenfiguren, Zimtsterne und winzige Geschenke, die für die Familie oder für die Gruppe gebastelt werden. Der Baum wird am ersten Advent aufgestellt und bleibt während der ganzen Adventszeit stehen, wird aber von Tag zu Tag reicher geschmückt, wobei dicke, rote Kerzen und Äpfel, Nüsse und Silberdisteln seinen besonderen Reiz ausmachen. Er sieht zu Weihnachten so schön und vertraut aus, daß er auch bei der Weihnachtsfeier den „richtigen Weihnachtsbaum" mehr als ersetzen kann.

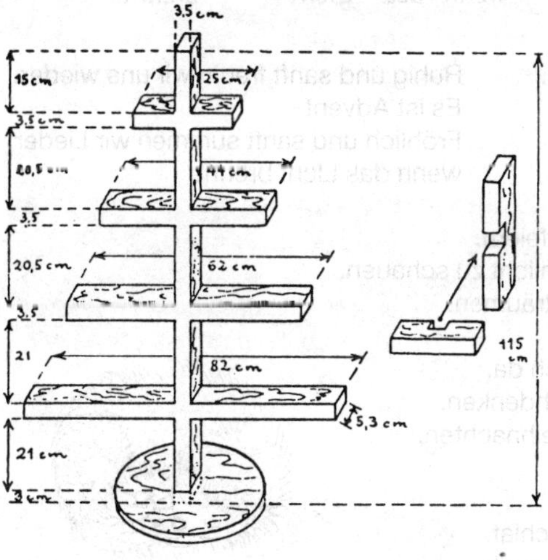

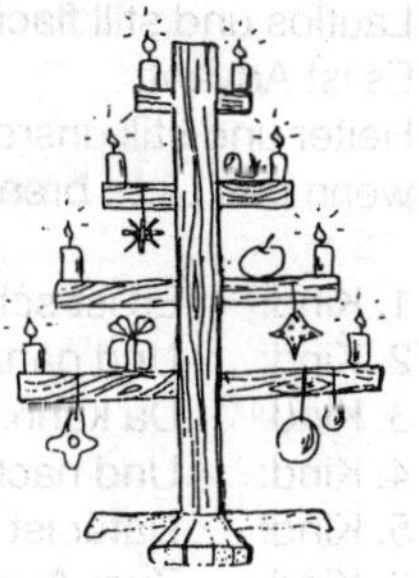

So wird der Adventsbaum gebaut. Die bastelfreudigen Erwachsenen in der Familie haben dabei sicher genauso viel Freude wie ihr Kind beim Schmücken.

Rolf Krenzer

Weihnachtszeit – stille Zeit

Spielszene

Weihnachtszeit – Trubel, Hektik. Lärm. So begegnet sie uns heute, vor allem in den Städten. Weihnachtszeit ist aber auch die Zeit des Wartens, der Stille, der Besinnung. Viele haben das vergessen. Wir auch?

Die Kerzen am Kranz brennen. Die Kinder sitzen davor und singen.

Lautlos und still flackern die Lichter.
Es ist Advent.
Heiter und still unsre Gesichter,
wenn das Licht brennt.

Ruhig und sanft freu'n wir uns wieder.
Es ist Advent.
Fröhlich und sanft summen wir Lieder,
wenn das Licht brennt.

1. Kind: Es ist schön, Advent zu feiern.
2. Kind: Und ganz still ins Kerzenlicht zu schauen.
3. Kind: Da kann man so schön träumen.
4. Kind: Und nachdenken.
5. Kind: Dafür ist der Advent auch da.
6. Kind: Zum Ausruhen und Nachdenken.
7. Kind: Und zum Warten auf Weihnachten.
8. Kind: Alles ist ganz still.
1. Kind: Es ist die Zeit der Stille.
2. Kind: Die Tiere halten Winterschlaf.
3. Kind: Die Blumen und Bäume auch.
4. Kind: Sogar der Wind ist ganz leise.
5. Kind: Alles ruht sich aus.
6. Kind: Das ist richtig schön.

7. Kind: Ich war gestern in der Stadt. Da war es überhaupt nicht still.
8. Kind: Bei uns zu Hause ist es oft auch laut, und keiner hat Zeit.

Alle Kinder singen:

2. Zart, zart, zart.
Das Kerzenlicht schimmert zart.
Stille Zeit – wir warten alle
auf das kleine Kind im Stalle.
Zart, zart, zart.
Lichter strahlen hell und zart.

3. Schrill, schrill, schrill.
Es glitzert ganz bunt und schrill.
Trubelzeit – die Menschen denken
nur daran, was sie sich schenken.
Schrill, schrill, schrill.
Alles ringsherum klingt schrill.

1. Kind: Ich möchte, daß meine Eltern auch einmal Zeit haben, ganz still das Kerzenlicht anzuschauen.
2. Kind: Bei mir zu Hause auch.
Mehrere: Bei mir auch, bei mir auch.
3. Kind: Wir müssen ihnen davon erzählen …
4. Kind: … und ihnen zeigen …
5. Kind: … wie schön gemütlich es ist, um den Adventskranz zu sitzen.
6. Kind: Ja, das werden wir tun.
7. Kind: Und sagt es allen Leuten weiter:
8. Kind: Feiert mit uns die Stille.

Am Ende singen alle Kinder nochmal das Eingangslied.

Tritt herein in unser Haus

Lieder und Spiele um den Nikolaus

Lieber, guter Nikolaus

Text und Melodie: Walter Kahn

Nikolaus fällt unter die Räuber

Spielszene

Zu Beginn des Spiels erzählen wir den Kindern in einfachen Worten, was wir aus dem Leben des Heiligen Nikolaus wissen. In allen Vorlesebüchern zu Weihnachten finden sich auch geeignete Geschichten zum Vorlesen.

Kind: Es ist ja gut, wenn man das alles weiß.

Kind: Aber wir erzählen euch eine Geschichte vom Nikolaus, die noch keiner kennt.

Kinder verschwinden. Das Licht wird etwas abgeblendet.

Nikolaus: Ich weiß nicht – heute bin ich so müde. (*Er setzt sich*) Man wird eben älter.

Zwei größere Kinder, die verwegen aussehen, schleichen näher. Sie stehlen dem Nikolaus den Geschenke-Sack. Der Nikolaus will es verhindern. Die beiden schlagen ihn nieder und flüchten. Nikolaus liegt in der Ecke und stöhnt. Zwei andere Kinder kommen, hören das Stöhnen und bleiben stehen.

Kind: Hör mal, wie der stöhnt.
Kind: Der hat bestimmt zuviel Bier getrunken.
Kind: Dann ist er selbst dran schuld, wenn er hier liegt.
Kind: Vielleicht ist er überfallen worden.
Kind: Das ist eine gefährliche Gegend hier.
Kind: Außerdem ist es so furchtbar dunkel.
Kind: Komm, wir hauen ab!

Sie entfernen sich schnell. Drei kleinere Kinder betreten die Szene. Sie bleiben stehen.

Kind: Hörst du das auch?
Kind: Ja, da stöhnt einer.
Kind: Mir wird es ganz unheimlich.
Kind: Das kommt aus dieser Richtung.
Kind: Da liegt einer.
Kind: Dem müssen wir helfen.
Kind: Ich habe Angst.
Kind: Ich auch. Aber trotzdem müssen wir helfen.

Kinder gehen langsam hinzu und schauen sich dabei ängstlich um.

Kind: Das ist ja der Nikolaus!
Kind: Ein Glück, daß wir ihn gefunden haben.
Nikolaus: Gott sei Dank, daß ihr kommt.
Kind: Was ist denn los, Nikolaus?
Nikolaus: Ich bin überfallen worden.
Kind: Bist du schwer verletzt?
Nikolaus: Es geht schon wieder, aber mein Geschenke-Sack ist weg.
Kind: War denn noch viel drin?
Nikolaus: Ja, ich wollte gerade zu den Kindern im Waisenhaus.
Kind: Die warten bestimmt schon.
Nikolaus: Ich habe aber gar nichts mehr zum Schenken.

Die Kinder stehen da und schauen sich ratlos an.

Kind: Ich habe eine Idee.
Kind: Was für eine Idee?
Kind: Wir sausen jetzt nach Hause und holen einiges von unseren Spielsachen.
Kind: Und unsere Muttis spenden Plätzchen und andere gute Sachen.
Kind: Wir trommeln auch alle unsere Freunde zusammen.
Kind: Ich bleibe hier und hole dem Nikolaus erst einmal etwas Wasser, damit er sich erfrischen kann.
Kinder: Okay!

Sie sausen ab. Das Kind, das zurückgeblieben ist, wendet sich an die Gemeinde.

Kind:	Das ist doch prima. Wir haben hier in der Nähe auch ein Waisenhaus. Wie wäre es, wenn wir die Sammlung hier im Saal fortsetzen würden?
Nikolaus:	*(rafft sich auf)* Klar! Gebt alles hier ab. Wir sammeln es und bringen es nächste Woche zum Waisenhaus.
	Er faßt sich an den Kopf und stöhnt. Die Kinder kommen zurück. Sie haben einen Sack voller guter Sachen.
Kind:	So, lieber Nikolaus. Da hast du, was du brauchst.
Nikolaus:	Das ist ja ganz toll von euch.
Kind:	Das hat uns Spaß gemacht.
Kind:	Siehst du, Nikolaus. Das haben wir von dir gelernt.
Nikolaus:	Ich danke euch, ihr lieben Kinder. Manchmal hat so ein Unglück auch etwas Gutes.

Alle Kinder singen gemeinsam:

2. Nikolaus, Nikolaus, du hilfst dort, wo Kummer ist.
   Nikolaus, Nikolaus, hilf in aller Welt.
3. Nikolaus, Nikolaus, du sollst unser Vorbild sein.
   Nikolaus, Nikolaus, Gott hat dich geschickt.
4. Nikolaus, Nikolaus, du machst alle Kinder froh.
   Nikolaus, Nikolaus, Gott sei Dank dafür.

Wir grüßen dich, heiliger Nikolaus

Spielszene

Dieses Spiel bezieht den Nikolaus mit ein, was ihm nicht unbedingt vorher verraten werden muß! – Die Erzieherin kann jeden Satz vorsprechen, der dann von allen wiederholt wird. Aus den folgenden Vorschlägen kann eine Auswahl getroffen werden.

1. Alle: Wir grüßen dich, heiliger Nikolaus.
Einer: Und verneigen uns tief.
Alle: Und verneigen uns tief.
Einer: Komm, begrüße uns auch, lieber Nikolaus,
und verneige dich tief!
Alle: Und verneige dich tief!
Wir sind froh, daß du da bist, lieber Nikolaus.

2. Alle: Wir grüßen dich, heiliger Nikolaus.
Einer: Schau, wir winken dir froh.
Alle: Schau, wir winken dir froh.
Einer: Komm und winke uns auch, lieber Nikolaus,
winke uns allen zu.
Alle: Winke uns allen zu.
Wir sind froh, daß du da bist, lieber Nikolaus.

3. Alle: Wir grüßen dich, heiliger Nikolaus.
Einer: Und wir kommen zu dir.
Alle: Und wir kommen zu dir.
Einer: Gib uns allen die Hand, lieber Nikolaus.
Sag uns, daß du dich freust.
Alle: Sag uns, daß du dich freust.
Wir sind froh, daß du da bist, lieber Nikolaus.

4. Alle: Wir grüßen dich, heiliger Nikolaus.
Einer: Schau, wir gehen um dich.
Alle: Schau, wir gehen um dich.
Einer: Komm, stell ab deinen Sack, lieber Nikolaus,
und geh mit uns im Kreis.
Alle: Und geh mit uns im Kreis.
Wir sind froh, daß du da bist, lieber Nikolaus.

5. Alle: Wir grüßen dich, heiliger Nikolaus.
Einer: Schau, wir stampfen ganz fest.
Alle: Schau, wir stampfen ganz fest.
Einer: Komm und stampfe mit uns, lieber Nikolaus.
Das kannst du bestimmt auch.

	Alle:	Das kannst du bestimmt auch. Wir sind froh, daß du da bist, lieber Nikolaus.
6.	Alle:	Wir grüßen dich, heiliger Nikolaus.
	Einer:	Schau, wir hüpfen herum.
	Alle:	Schau, wir hüpfen herum.
	Einer:	Hüpfe auch, wenn du kannst, lieber Nikolaus, oder schaue uns zu.
	Alle:	Oder schaue uns zu. Wir sind froh, daß du da bist, lieber Nikolaus.
7.	Alle:	Wir warten jetzt, heiliger Nikolaus.
	Einer:	Was hast du mitgebracht?
	Alle:	Was hast du mitgebracht?
	Einer:	Öffne jetzt deinen Sack, lieber Nikolaus, denn wir sind sehr gespannt.
	Alle:	Denn wir sind sehr gespannt. Wir sind froh, daß du da bist, lieber Nikolaus.
8.	Alle:	Wir danken dir, heiliger Nikolaus.
	Einer:	Und wir klatschen zum Dank.
	Alle:	Und wir klatschen zum Dank.
	Einer:	Komm, klatsch mit uns ganz laut, lieber Nikolaus. Und dann sag uns Lebwohl.
	Alle:	Und dann sag uns Lebwohl. Wir sind froh, daß du da warst, lieber Nikolaus.

Gertrud Lorenz

Den Nikolaus hab' ich gesehn

Spiellied

Nach und nach werden die einzelnen zusammenhängenden Wörter durch Gesten ersetzt.

Den Nikolaus (*Sack auf dem Rücken andeuten*)
hab' ich gesehn (*Hand über den Augen*)
an unserm Haus (*mit beiden Händen über dem Kopf Dach zeigen*)
vorübergehn (*mit den Händen laufen andeuten*).
Er nickte (*nicken*) und er winkte mir (*winken*)
und deutete (*mit dem Finger deuten*) auf meine Tür (*auf mich zeigen*)
und sprach kein einz'ges Wort (*Finger auf den Mund*)
und war auf einmal fort (*Hände ganz schnell hinter den Rücken*).

Text: Rolf Krenzer, Melodie: Paul G. Walter, aus MC „Dann fängt Weihnachten an", Musikbär-Verlag Paul G. Walter, Eichenweg 15 a, 6905 Schriesheim

Heut spielen wir mal Nikolaus

Singspiel

Immer noch kommt es vor, daß Kinder Angst vor dem Nikolaus haben. Dieses kleine Rollenspiel soll Kindern die Angst nehmen. Es zeigt, daß der Nikolaus nicht die Schreckensgestalt ist, wie oft überliefert, sondern daß es sich um eine verkleidete Person handelt, die in Erinnerung an den Heiligen Nikolaus Gutes tut. – Kinder spielen hier selbst Nikolaus. Ein Freiwilliger stellt den Nikolaus dar. Alle sind dabei und helfen beim Verkleiden mit Handreichungen und Anziehhilfen.

Das Spiel beginnt mit einem Lied.

2. Zieht ihm den roten Mantel an
und einen hohen Hut
und um den Bauch ’nen Gürtel dann.
Ja, das steht ihm sehr gut.

3. Nun fehlt nur noch der Wattebart
drum kleben wir ihn dann
ganz silberweiß und kuschlig zart
an Peters Kinn fest an.

4. Juchu, nun sieht der Peter aus
fast wie der Nikolaus.
Und dieser nette Nikolaus
kommt jetzt zu uns ins Haus.

Während des Singens haben die Kinder den „Nikolaus“ angezogen. Dann singen alle gemeinsam das Nikolaus-Begrüßungslied.

Die zweite Liedstrophe wird zeilenweise gesprochen:

1. Kind: Wie schön, daß du gekommen bist!
2. Kind: Wir haben uns auf dich gefreut
3. Kind: und gewünscht, daß du uns nicht vergißt
4. Kind: am Nikolaustag heut.

Alle gemeinsam (Lied):

1. Kind: Wir haben sehr an dich gedacht
2. Kind: und für dich etwas ausgemacht.
3. Kind: Heut schenken wir dir auch mal was,
4. Kind: denn das macht uns großen Spaß.

Die Kinder überreichen dem „Nikolaus“ ein selbstgebasteltes Geschenk, eine Kerze oder etwas Selbstgebackenes. Der Nikolaus singt ein Dankeschön-Lied.

2. Ich freue mich und ein Dankeschön,
daß ihr mich beschenkt.
Das ist toll und ich find's wunderschön,
wenn ihr an mich auch denkt.

Nikolaus: Nun kommt zu mir, es ist höchste Zeit,
Kommt, greift hier mal hinein.
Viel Schönes hält der Sack bereit
für euch – so soll es sein.

Der Nikolaus öffnet seinen Sack und nickt den Kindern freundlich zu. Die Kinder gehen zum Nikolaus und jeder darf sich aus dem Sack ein Geschenk herausnehmen. Zum Abschluß singen alle gemeinsam:

Sie verabschieden sich voneinander. Dann schultert der Nikolaus seinen Sack und geht hinaus. Die Kinder winken ihm nach und rufen: Auf Wiedersehen!

Nikolaus, tritt herein in unser Haus

2. Nikolaus, Nikolaus,
ruhe dich bei uns hier aus!
Wollen dir ein Ständchen bringen
und so schöne Lieder singen,
daß es klingt durchs ganze Haus!
Nikolaus, Nikolaus.

3. Nikolaus, Nikolaus.
Keiner nimmt vor dir Reißaus!
Gut und lieb bist du gewesen.
Davon kann man heut noch lesen.
Wie der Bischof siehst du aus,
Nikolaus, Nikolaus.

4. Nikolaus, Nikolaus,
packst du deinen Sack hier aus?
Denn von deinen guten Gaben
möchte jeder etwas haben.
Pack doch deinen Sack jetzt aus!
Nikolaus, Nikolaus!

5. Nikolaus, Nikolaus!
Danke, lieber Nikolaus!
Kommst du nächstes Jahr dann wieder,
können wir noch neue Lieder
und schaun wieder nach dir aus.
Nikolaus! Nikolaus!

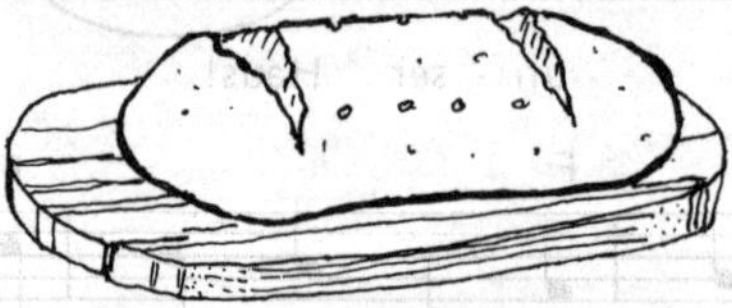

Einst herrscht in Myra Hungersnot

Spiellied

Eine der bekanntesten Nikolauslegenden wird hier in einem Spiellied so aufbereitet, daß sie pantomimisch in kleinen Szenen gestaltet werden kann. Das Lied kann von einer Gruppe gesungen und musikalisch begleitet, von einer zweiten dazu gespielt werden. Man kann auch das Lied mit den Kindern erarbeiten und dann auf eine Cassette aufnehmen und zu dem Spiel einsetzen. Das Lied kann auch direkt von der im Abakus-Verlag erschienenen Cassette zu einem pantomimischen Spiel, zu einem Schattenspiel oder einem Spiel mit großen Stabpuppen eingesetzt werden.

2. Schon lang sind die Geschäfte leer.
Es gibt doch nichts zu kaufen mehr.
Die Kinder schreien laut nach Brot.
Es geht um Leben oder Tod.
Wofür will Gott uns strafen?
Da kommt ein Schiff zum Hafen.
Da heißt es: „Bischof Nikolaus,
Gott hält, was er verspricht!
Er hilft uns aus der Not heraus!
Seht, Gott vergißt uns nicht!"

3. Es legt das Schiff am Hafen an.
Da sieht es gleich ein jedermann:
Es ist bis oben hin gefüllt
mit Korn für Brot, das Hunger stillt.
Doch nichts wird abgegeben!
Kein Korn zum Überleben!
Selbst als der Bischof Nikolaus
mit den Matrosen spricht,
da rücken sie kein Korn heraus.
Sie dürfen es ja nicht!

4. Kommt ohne Korn das Schiff nach Haus,
ist es mit den Matrosen aus.
Dann heißt es nämlich ganz geschwind,
daß die Matrosen Diebe sind!
„Matrosen, habt Erbarmen!
Gott hilft euch und den Armen!
Teilt alles aus!“ sagt Nikolaus.
„Wenn ihr die Säcke zählt,
so wird es sein bei euch zu Haus,
daß euch kein Körnchen fehlt!“

5. So glauben sie dem Bischof dann.
Schon packen die Matrosen an
und laden gleich die Säcke aus
und teilen Korn an alle aus.
So bringt man voller Freude
zum Müller das Getreide.
„Matrosen!“ sagt nun Nikolaus.
„Seht, euer Schiff ist leer!
Doch bringt ihr euer Schiff nach Haus,
dann ist es voll und schwer!“

6. Aus Korn wird Mehl. Aus Mehl wird Brot.
Da ist vorbei die Hungersnot.
Das Schiff fährt weiter übers Meer.
Es fährt sehr schnell, so leicht und leer.
Doch als sie wieder landen,
ist alles Korn vorhanden.
Jetzt nehmt die Säcke! Wiegt und zählt
und rechnet alles aus!
Es hat kein einzges Korn gefehlt!
Dank, Bischof Nikolaus!

So weiß der Bischof Nikolaus:
Gott ist uns immer nah.
Er hilft uns aus der Not heraus.
Ja, Gott ist immer da!

Der Nikolaus

1. Der Nikolaus lehrt uns verstehn,
daß Geben schöner ist als Nehmen,
denn wer nur an sich selber denkt,
der muß sich vor sich selber schämen.
So mancher sehnt sich in der Welt
viel mehr nach Liebe als nach Geld
und daß wir zu ihm kämen.

2. Der Nikolaus ist hilfsbereit.
Er denkt vor allem an die Kinder.
Wer schwach und arm ist, leidet Not
und fürchtet sich vor jedem Winter,
doch Liebe läßt die Not uns sehn
und sucht für die, die draußen stehn,
die Hilfe Gleichgesinnter.

3. Dem Nikolaus gilt unser Dank
und fröhlich klingen unsre Lieder,
denn er sagt uns als Gottes Knecht:
„Ihr Menschen seid doch alle Brüder."
Er sagt uns auch: „Macht euch bereit,
denn, Gott sei Dank, die Weihnachtszeit
kommt alle Jahre wieder."

Im Winter, wenn es stürmt und schneit

2. Dein Sack ist groß und wiegt so viel.
Was mag im Sack wohl sein?
Ja, wer es von euch wissen will,
greift in den Sack hinein.
Was du in deinen Sack gepackt …

3. Wie kommt es, wenn du von uns gehst,
dann ist dein Sack ganz leer.
Wenn du vor Nachbars Haustür stehst,
ist er schon wieder schwer!
Was du in deinen Sack gepackt …

4. Bedächtig hat der alte Mann
gesagt: „Daß ihr es wißt:
Es gibt auch was, was ich nur kann
und mein Geheimnis ist!"
Was du in deinen Sack gepackt …

Wir feiern heute Nikolaus

Singspiel

Jedes Kind darf einmal Nikolaus sein und wird dafür auch noch beschenkt. Die Kinder bilden einen Kreis. Im Kreis steht ein Sack (gefüllt mit kleinen Geschenken, Basteleien, Äpfeln, Lebkuchen o.a.). Ein Kind darf „Nikolaus" sein und zieht sich eine rote Mütze an. Das Spiel beginnt: Was die Kinder im Kreis singen, wird pantomimisch dargestellt. Zum Schluß erhält der Nikolaus ein Geschenk, denn dieses Mal soll es umgekehrt sein: Die Kinder geben dieses Fest für den Nikolaus, und dazu gehört auch ein Geschenk. – Jedes Kind ist einmal an der Reihe mit dem Nikolausspiel. Entweder nach jeder Strophe oder nach dem ganzen Lied ist das nächste Kind durch Abklatschen an der Reihe:

Alle sprechen: Eins, zwei, drei – wer ist an der Reih?

Der „Nikolaus" klatscht das nächste Kind ab und setzt ihm die rote Mütze auf. Alle singen:

Alle Kinder fassen sich an den Händen. Der „Nikolaus" reiht sich ein. Alle zusammen singen das Nikolaus-Tanzlied. Zu jeder Strophe gehören kleine Aktionen (das Bein schwingen, klatschen, lachen usw.)

2. Nikolaus, komm, spiel mit uns
Katz und Maus
und eins, zwei, drei, schnell wie der Blitz
bist du draus'.
Tralalalala
Spielen! Heißassa!
Unser Fest ist wunderbar.

3. Nikolaus, komm, lach mit uns
weil's dich freut,
daß wir hier froh zusammen sind
hier und heut.
Tralalalala
Lachen! Hahaha!
Unser Fest ist wunderbar.

4. Nikolaus, komm, sing mit uns
dieses Lied
von unserm schönen Niklausfest.
Hey, sing mit!
Tralalalala
Singen! Tirila!
Unser Fest ist wunderbar.

Nach dem Ringelreihn bleiben alle Kinder im Kreis stehen. Sie halten für den „Nikolaus" den Sack auf und singen dazu:

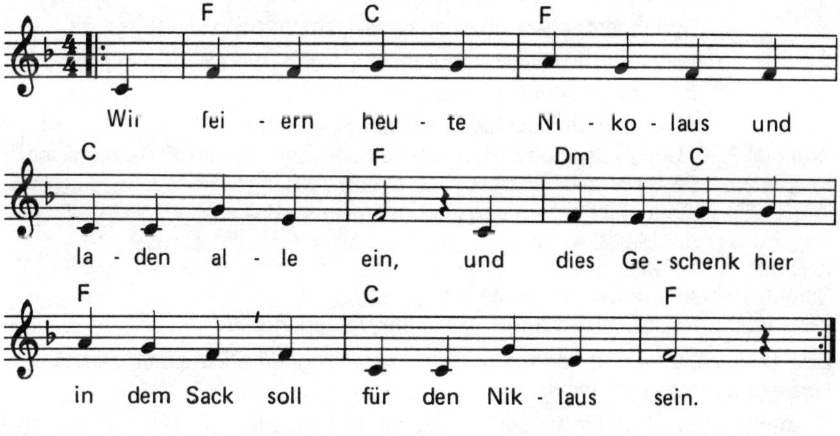

Der „Nikolaus" darf in den Sack greifen und sich ein Geschenk herausholen. Dann beginnt das Spiel von vorne. Bei „Eins, zwei, drei, wer ist an der Reih?" darf der Nikolaus durch Abklatschen das nächste Kind auswählen.

Das Krokodil und der Ball

Kasperlespiel

Kasperle: Tritratrullala, tritratrullala, tritratrullala; seid ihr alle da? Dann kann es ja losgehen!

Kasperle zieht den Vorhang der rechten Seite auf. Als er den Vorhang der linken Seite ebenso aufzieht, schließt sich – wie von Geisterhand – der Vorhang der rechten Seite.

Wer hat den Vorhang zugezogen? Habt *ihr* was gesehen? – Nein, nun dann gebt jetzt schön acht!

Kasperle zieht den Vorhang der rechten Seite auf; dabei wird der Vorhang links wieder zugezogen. – Dieser Vorgang kann, je nach Stimmung der Kinder, einige Male wiederholt werden.

Habt *ihr* gesehen, wer am Vorhang war? – Nein? – Dann müssen wir einmal sehen, ob wir ihn nicht erwischen, den Hangvorzieher, nein, den Vorziehzuhang, äh, den Hangzuzeih – auch nicht – den Vorhangzeizu, na den Vorhangzuzieh – ja, jetzt hab ich es: den Vorhangzuzieher.

Stimme der Großmutter: Kasperle, Kasperle!

Kasperle: Die Großmutter ruft mich. Ach, sie kann warten! Schließlich müssen wir den Ziehvorhang – nein, den Vorhangziehzu, den Hangziehzu, na, nun helft mir doch mal – ja, den Vorhangzuzieher finden.

Schleicht sich leise zum Vorhang.

Wollen mal sehen, ob er da hinter dem Vorhang steckt.

Kasperle reißt blitzschnell den Vorhang auf. Das Krokodil und ein Ball sind zu sehen. Kasperle erschrickt.

Was willst du denn hier, du Krokodil vom Nil?

Krokodil: *(deutet auf einen bunten Ball neben sich)* Ich will mit Balla spielen.

Kasperle: Das könnte dir so passen! Erst den Vorhang zuziehen, mich und die Kinder hier ärgern und jetzt mit meinem Ball spielen. Nichts da, der Ball bleibt, wo er ist.

Krokodil: Ich will Balla, ich will Balla.

Stimme der Großmutter: Kasperle! Kasperle!

Kasperle: Hau ab, du Krokodil! Balla gehört Kasperle.

Das Krokodil schnappt nach dem Ball, Kasperle greift nach einem Besen und vertreibt das Krokodil damit.

Kasperle: Balla nur für Kasperla, Balla nur für Kasperla.

Großmutter: *(erscheint)* Kasperle, ich rufe und rufe, hast du denn keine Ohren?

Kasperle: *(faßt sich an die Ohren)* Doch, Großmutter, schau, schöne große sogar.

Großmutter: Warum hörst du dann nicht?

Kasperle: Ja, denk dir nur, das Krokodil war da und wollte mir meinen Ball nehmen. Na, dem habe ich es aber gegeben. (*Nimmt den Besen*). Schau, so und so und so.

Großmutter: Aber Kasperle, was hast du dir nur wieder ausgedacht! Hier gibt es doch gar keine Krokodile. Und nun komm ins Haus; das Abendessen ist schon fertig.

Kasperle: Och, Großmutter, ich habe noch gar keinen Hunger. Laß mich noch ein wenig mit dem Ball spielen, bitte, bitte, bitte ...

Großmutter: Na schön, aber nicht mehr lange. Und wenn ich dich rufe, kommst du gleich, hörst du?

Kasperle: Ist doch klar, Großmutter. *(Großmutter geht ab. Kasperle spielt mit dem Ball).*

Alle wollen meinen Ball. Erst wollte ihn mir die Hexe abnehmen – dann kam der Teufel und jetzt – das Krokodil. Die Großmutter sagt, es gibt keine Hexen oder Teufel und auch keine Krokodile. Aber es gibt sie doch. Das Krokodil habt *ihr* ja selbst gesehen. *(Gähnt).* Ach, ist das anstrengend, immer auf seinen Ball aufzupassen *(gähnt),* ganz schön anstrengend *(gähnt mehrmals, schläft ein).*

Das Krokodil kommt.

Kasperle: *(wacht auf)* Hat die Großmutter gerufen? – Nein, *i h r* seid es. – Ja, warum schreit ihr denn so? – Was, das Krokodil ist hier? Wo ist es denn? Ich seh es nirgends *(schaut ein paar Mal in die falsche Richtung, schließlich entdeckt er es).* Ah, da ist es ja. *(Nimmt den Besen, vertreibt das Krokodil).*

Kasperle: So, hier hast du und hier und hier! Ist nichts mit Ballaballa. *(Krokodil ab)* – Na, dem habe ich es aber gegeben. Ach, wenn ich nur nicht so müde wäre. *(Gähnt und schläft wieder ein).*

Krokodil schleicht sich vorsichtig heran, nimmt den Ball zwischen die Zähne und verschwindet damit.

Kasperle: *(wacht auf)* Wer ruft mich? – Ach, *ihr* seid es wieder. Ja, was ist denn los? – Was sagt ihr? – Das Krokodil hat meinen Ball stibitzt? – Tatsächlich, der Ball ist nicht mehr da. Na wartet, den werde ich mir wieder holen.

Stimme der Großmutter: Kasperle, Kasperle!

Kasperle: Ach, jetzt ruft mich auch noch die Großmutter. Nein, jetzt hab ich wirklich keine Zeit; erst muß ich meinen Ball zurückholen. *(Nimmt den Besen).* Bis gleich Kinder, bis gleich. *(Geht ab.)*

Großmutter: Ja, wo steckt denn wieder der Kasperle? *(Sieht sich um.)* Ah, da hinten seh ich ihn. *(Ruft)* Kasperle, Kasperle, beeil dich, das Essen wird kalt.

Kasperle: *(mit Ball)* Hallo, Großmutter! Hallo Kinder! Bin schon wieder da.

Großmutter: Ja, Kasperle, wo hast du nur wieder gesteckt?

Kasperle: Ich war beim Krokodil. Stell dir vor, es hat mir meinen schönen Ball stibitzt, aber ich bin gleich hinterher und habe ihn mir zurückgeholt.

Großmutter: Ach, Kasperle, fängst du schon wieder mit dem Unsinn an? Wirklich, du bist heute sehr ungezogen! Hast du vergessen, daß heute abend der Nikolaus kommt? *(Kasperle schüttelt den Kopf.)* Möchtest du denn eine Rute bekommen?

Kasperle: Nein, ich bekomme keine; ich war doch immer artig. Aber das Krokodil bekommt eine Rute.

Großmutter: Ach, Kasperle, hör schon auf und komm ins Haus.

Kasperle: *(zu den Kindern)* Wenn das Krokodil kommt, ruft ihr mich, ja?

Großmutter und Kasperle gehen ins Haus.

Krokodil: Ich will mit Balla spielen.

Kasperle: Habt *ihr* mich gerufen? – Das Krokodil – aber wo ist es denn? *(Sucht danach, doch das Krokodil ist inzwischen wieder verschwunden.)* Ich glaube, das Krokodil ist wieder weg. – Na, dann will ich euch mal was erzählen. *(Lacht in sich hinein.)* Die Großmutter glaubt, ich schlafe. Ich habe mich aber heimlich davongeschlichen. Ihr verratet mich doch nicht? – Wißt ihr, ich will hier auf den Nikolaus warten. *(Gähnt.)* Wenn ich nur nicht so müde wäre. Falls ich einschlafe, und *ihr* den Nikolaus seht, dann weckt mich, ja? Wollt *ihr* mir helfen? – Na, dann kann ja nichts mehr schiefgehen. *(Gähnt, schläft ein und schnarcht.)*

Sprecher: Jetzt ist unser Kasperle eingeschlafen, und er hat einen tollen Traum. Wollt ihr wissen, wovon Kasperle träumt, dann paßt auf: *(Hexe erscheint.)* – Seht, da ist die Hexe Wackelzahn, macht ein wildes Geschrei und tanzt dabei. *(Hexe verschwindet, Teufel erscheint.)* – Na, und der Teufel hier ist auch nicht ohne. *(Krokodil erscheint.)* – Und das Krokodil, seht nur, es hält Kasperles Ball im Maul. *(Teufel und Krokodil verschwinden.)* – Husch, schon sind sie wieder weg.

(Hexe erscheint wieder) – Aber eins, zwei, drei, die Hexe zaubert alle wieder herbei: *(Teufel und Krokodil erscheinen, diesmal mit Ruten.)* – Seht nur, alle haben eine Rute: – Die Hexe reitet darauf – der Teufel fuchtelt damit wild in der Luft herum – und das Krokodil trägt die Rute in seinem Maul. *(Alle ab.)*

Kasperle: *(reckt sich und stöhnt)* Ah, ah, Hexe, Teufel und Krokodil, wo seid ihr? *(Springt auf, reibt sich die Augen.)* Ich glaub, ich hab geträumt. *(Reibt sich noch einmal die Augen, geht zum Haus und kommt mit einem Nikolausstiefel zurück.)* Träum ich noch immer? – Nein, der Nikolaus war da. Mal sehen, was er mir gebracht hat. *(Öffnet den Stiefel und schaut hinein.)* Ah, Buntstifte, Nüsse und meine Lieblingsschokolade und hier, was ist das denn? *(Zieht einen Brief hervor.)* Einen Brief hat der Nikolaus geschrieben! Was da wohl drauf steht? Ich werde gleich die Großmutter rufen; sie kann mir den

Brief vorlesen. Großmutter! Großmutter! *(Keine Antwort.)* Ich glaube, die Großmutter hört mich nicht! Na, dann müßt *ihr* mir jetzt beim Rufen helfen. *(Alle: Großmutter, Großmutter!)*

Großmutter: Aber Kasperle, warum schreist du denn so? Ich bin doch nicht schwerhörig!

Kasperle: Ja, denk dir nur, Großmutter, der Nikolaus war da. Er hat mir einen Nikolausstiefel geschenkt. Und weißt du, was da drin ist? – Bleistifte, Nüsse und meine Lieblingsschokolade. Und hier *(zeigt den Brief)*, diesen Brief hat er mir auch mitgebracht. Kannst du ihn mir vorlesen?

Großmutter *(nimmt den Brief und liest)* Lieber Kasperle, ich habe einen Ball hinter das Haus gelegt. Bitte, bringe den Ball zum Krokodil; es spielt doch so gerne mit Bällen. Ich hatte gestern nur wenig Zeit, sonst wäre ich selbst gekommen. Viele Grüße Nikolaus.

Kasperle: Na, Großmutter, glaubst du jetzt, daß es ein Krokodil gibt?

Großmutter: Ja, jetzt glaub ich dir, und geh nur gleich los und bring den Ball zum Krokodil. *(Großmutter ab.)*

Kasperle: *(holt den Ball)* Der ist genauso schön wie meiner. Da wird sich das Krokodil aber freuen. *(Macht sich auf den Weg.)* Hallo, Krokodil vom Nil, wo bist du? *(Keine Antwort.)* Krokodil vom Nil! *(Wieder nichts.)*

(Kasperle zu den Kindern) Wollen wir zusammen das Krokodil rufen? *(Alle: Krokodil vom Nil, Krokodil vom Nil!)*

Krokodil: Ich will Balla.

Kasperle: Hier, Krokodil, hier hast du Balla. Balla gehört dir jetzt ganz allein. Es ist ein Geschenk vom Nikolaus.

Krokodil: Oh, Balla, mein Balla! Vielen Dank, lieber Nikolaus.

Krokodil und Kasperle: Vielen Dank, lieber Nikolaus! Und jetzt ist das Stück aus, und wir gehen alle froh nach Haus.

Krokodil: Tschüüüüß!

Kasperle: Auf Wiedersehen!

Beide: Bis bald!

Der große und der kleine Nikolaus

Spielszene

Das Stück kann verändert und je nach den Wünschen der Spieler variiert werden, was z.B. die Kritik an den Eltern oder auch Geschwistern angeht. Ich stelle mir vor, daß der Text nur sprachliche Richtschnur sein sollte, und die Kinder mit eigenen Worten sprechen. Für mich ist an diesem Spiel wichtig, daß Kinder in der Rolle des Nikolaus leichter die Erwachsenen oder Geschwister positiv wie negativ beurteilen können.
Personen: Mutter, Vater, Oma, Bettina, Thomas, Annelore.

1. Bild

Die Familie sitzt am Tisch, am Adventskranz ist eine Kerze entzündet. Sie können ein Adventslied singen, flöten o.ä.

Annelore: Ich freu mich! Ich freu mich!
Thomas: Worauf?
Bettina: Bestimmt auf Weihnachten!
Annelore: Nein, stimmt gar nicht! Auf Nikolaus. Bist du dann wieder der Nikolaus, Papa?
Vater: Ja, bin ich.
Thomas: Komisch, wenn du als Nikolaus mir sagst, ich müßte mein Zimmer besser aufräumen, ist das ganz anders, als wenn du das so sagst.
Annelore: Ja, du Papa, ich bin dann richtig ein bißchen aufgeregt. Dabei weiß ich doch, daß du das bist.
Mutter: Beim Theater weißt du auch, daß ein Mensch spricht. Aber für dich ist es dann die Pippi Langstrumpf oder der Kasper.
Bettina: Warum sagt der Nikolaus nur den Kindern, daß sie nicht immer so lieb sind, warum nicht auch den Erwachsenen?
Thomas: Stimmt! Du, Papa, darf ich auch mal ein Nikolaus sein? Aber ich komme dann mehr zu den Erwachsenen, zu dir, Mama und Oma. Darf ich?
Annelore: Au ja, dann lesen wir euch mal vor, wann ihr nicht so lieb ward.
Mutter: Warum eigentlich nicht?
Vater: Gut, in diesem Jahr gibt es einen großen und einen kleinen Nikolaus.
Kinder: Hurra! Toll! Danke! Das wird prima!

2. Bild

Die Familie sitzt im Halbkreis, der große Nikolaus verabschiedet sich gerade.

Großer Nikolaus: Nun auf Wiedersehn bis zum nächsten Jahr. Ich muß jetzt wirklich gehn, denn ich habe einen weiten Weg. Aber – ich habe noch eine Überraschung für euch.

Kinder: Au toll! Was denn?

Großer Nikolaus: In diesem Jahr kommt noch einmal ein Nikolaus, der kleine Nikolaus. Gleich wird er da sein. Sagt ihm einen schönen Gruß von mir. Also: Auf Wiedersehn!

Alle: Auf Wiedersehn, Nikolaus, und noch eine gute Reise!

Nikolaus geht ab.

Oma: Was? Ein kleiner Nikolaus? So etwas habe ich noch nie gehört!

Es klopft.

Annelore: Da ist er schon.

Mutter: Herein!

Kleiner Nikolaus *(kommt mit einem Fahrrad herein):*

Guten Tag, ihr lieben Leute. Welch ein Glück, daß noch nicht so viel Schnee liegt. Da kann ich mit meinem Fahrrad herumfahren, das ist nicht so anstrengend. So kann ich auch viel besser meine Geschenke zu den Menschen bringen. *(Auf dem Sattel, dem Gepäckträger, in Taschen hat er seine Päckchen verstaut. Auf dem Rücken trägt er einen Rucksack.)* Ich habe von euch viel Gutes gehört, von den Großen und von den Kleinen. Ich fange mal bei dem kleinsten Kind an. Annelore, du hast in der letzten Zeit sehr lieb deiner Mutti geholfen. Du hast oft in der Küche gespült und den Tisch gedeckt. Aber eins ist nicht lieb von dir: Immer nimmst du von deinem Bruder Thomas die neuen Filzstifte, und dann verschlampst du sie.

Annelore: Pah, und was machst du alles?

Kleiner Nikolaus: Und Bettina, du hast sehr schön deiner Schwester Annelore bei den Hausaufgaben geholfen. Aber du kannst deinen Bruder Thomas mal ausreden lassen, wenn er etwas erzählt. Auch wenn du die Älteste bist.

Bettina: Mein Bruder Thomas ist leider heute nicht da. Was hättest du denn dem so zu erzählen gehabt?

Nikolaus: Das ist ein ganz lieber Junge in letzter Zeit. Na ja, sein Zimmer könnte er ruhig ein bißchen besser aufräumen.

Mutter: Soll ich ihm das ausrichten?

Nikolaus: Ja, das wäre sehr nett von dir. Ich lasse ihm auch ein Geschenk hier.

Vater: Da wird er sich aber freuen.

Nikolaus: Und nun zu euch Großen. Andreas Spielvogel, du bist der Vater hier in der Familie. Ein lieber Papa bist du, das muß ich sagen. Ich habe es gehört und gesehen. Aber – aber, da gibt es auch noch andere Dinge. Manchmal kommst du ganz müde nach Hause aus dem Geschäft und hast schlechte Laune. Wenn die Kinder dann gerade Fernsehen gucken, sagst du gleich: So viel Fernsehen ist ungesund, spielt lieber, oder räumt euer Zimmer auf, immer diese Glotzerei. Und was machst du dann, wenn die Kinder weg sind? Selber fernsehen! Du könntest doch gleich sagen, daß du hundemüde bist und in Ruhe Fußball gukken willst oder sonst etwas. Nein, aber erst meckern.

Vater: Ja, lieber Nikolaus, du hast eigentlich recht. Auch Eltern sollten ehrlich sagen, was sie denken und möchten.

Nikolaus: Und zu dir, Susanne Spielvogel. Du bist eine liebe Mama. Aber manchmal, wenn du nervös bist, meckerst du an allem herum. Manchmal, wenn deine Kinder im Zimmer spielen und auf dem Fußboden eine Stadt aufbauen mit Steinen, Klötzen, Moos, Heu, Stoff, Wasserschalen, freust du dich darüber. Dann sagst du: Ihr habt aber wirklich viel Phantasie. Aber plötzlich geht dir alles auf die Nerven, und du wirst streng und schimpfst über die Unordnung, und die Kinder müssen alles ganz schnell wegräumen.

Mutter: Ja, weißt du, Nikolaus, dann werde ich auf einmal so müde und mir wird alles zuviel. Ich werde dann strenger, als ich will.

Nikolaus: Hm, versteh ich ja. Aber dann mußt du dir halt vorher überlegen, wieviel du eigentlich erlauben willst. Und nicht plötzlich ein Gewitterschimpfen mit Donnern anfangen. Ja, und noch eins. Wenn du frierst, Susanne Spielvogel, dann sollen sich deine Kinder auch immer warm anziehen. Dabei frieren sie gar nicht. Warum glaubst du ihnen nicht? Und noch schlimmer ist da die Oma. Im Winter will sie den Kindern am liebsten zwei Mützen übereinander anziehen und den dicksten Schal, wenn nur ein kleines Lüftchen weht. Und noch eins, wenn eure Kinder gerade so schön im Zimmer spielen, und die Sonne kommt heraus, dann schickt ihr die armen Kinder sofort nach draußen. Da muß einem doch alle Lust vergehen. Ich möchte dich, Susanne Spielvogel, einmal sehen, wenn du gerade schön Klavier spielst, und du sollst auf einmal nach draußen rennen, nur weil die Sonne scheint. Aber sonst bin ich sehr mit euch zufrieden. Und ich habe euch allen auch ein schönes Geschenk mitgebracht. *(Verteilt Päckchen)* Und grüßt euren Sohn Thomas.

Vater: Warte mal, kleiner Nikolaus, ich meine, ich hätte draußen etwas gehört. Vielleicht ist da noch einmal der große Nikolaus. *(Geht hinaus und herein kommt der große Nikolaus.)*

Großer Nikolaus: Guten Abend, lieber kleiner Nikolaus. Wie schön, daß wir uns noch treffen. Ich war auch schon in diesem Haus. Es sind doch alles sehr liebe Menschen hier, findest du nicht auch?

Kleiner Nikolaus: Ja, da hast du recht. Aber über manche Sachen mußte ich schon etwas schimpfen.

Großer Nikolaus: So war es bei mir auch. Nicht alles war ganz recht. Wir sind aber doch zufrieden, nicht? Wollen wir zusammen weitergehen?

Kleiner Nikolaus: Das ist eine gute Idee. Also, auf Wiedersehen. Bis zum nächsten Jahr.

Mutter: Ja, vielen Dank, ihr beiden. Bis zum nächsten Jahr!

Oma: Gute Reise.

Kinder: Tschüß!

Marie-Luise Dietz

Da wird die ganze Erde froh

Krippenspiele

Da wird die ganze Erde froh

Spielszene

Das folgende Stück eignet sich zur Aufführung an einem Elternabend. Es besteht aus einer Anspielszene, dem eigentlichen Krippenspiel und weiteren Vorschlägen, wie das Spiel durch einfachere Darbietungen ersetzt werden kann, je nach Fähigkeiten der Kinder.

Anspielszene

Die Kinder ziehen mit Rhythmikinstrumenten durch den Raum. Sie singen oder sagen:

Wir feiern! Wir feiern!
Geburtstagsfest ist heute!
Wir feiern! Wir feiern
ein Fest für alle Leute.
Kommt alle mit, wir laden ein.
Kommt mit, wir wollen fröhlich sein.

Wie bei den beliebten Kinderspielen fordern die Herumziehenden immer wieder einen der Zuschauer auf, sich ihrem Zug anzuschließen, bis alle Anwesenden mit den Kindern durch den Raum wandern. Dann bilden Kinder und Erwachsene einen Kreis. Die folgenden Verse können von einzelnen Kindern oder von Gruppen gesprochen werden.

1. Erwachsener: Wo ist denn das Geburtstagskind?
Wer ist's? Tritt in den Kreis geschwind!

Pause

2. Erwachsener: *(zu einem Kind)* Bist du's? Du schaust so fröhlich drein.

Man will das Kind in den Kreis ziehen, es wehrt sich.

Kind: Zieht mich nicht in den Kreis hinein.
Ich hab gefeiert, schon im Mai.
Geschenke gab es allerlei.

2. Erwachsener: *(sich an ein anderes Kind wendend)* Bist du's? Du schaust so fröhlich drein!

Kind: *(sich wehrend)* Ich hab gefeiert, es war heiß.
Wir gingen schwimmen, aßen Eis.

Ein anderes Kind: Bei mir war Herbst, es war schon kalt.

Ein Kind: Und mein Geburtstag kommt schon bald.

Alle: Wer hat denn nun Geburtstag heute?
Was soll das Fest für alle Leute?

Pause, Stille. Die Erzieherin oder ein Kind holt die Krippe, stellt sie in den Kreis und sagt:

Geburtstag hat heut Jesus Christ.
Wie gut, daß er geboren ist.

Alle Kinder: Ihm zünden wir die Kerzen an.
Das Kindlein soll sich freuen dran.
Was wollen wir ihm aber schenken?

Die Erzieherin oder Kind, das die Krippe geholt hat:
Wir wollen alle still bedenken,
was einst geschah in jener Nacht,
und was das Kindlein uns gebracht:
Das Kind, das in der Krippe lag,
hat uns beschenkt an seinem Tag.

Die Kinder und die Erwachsenen setzen sich, das Weihnachtsspiel beginnt.

Krippenspiel

Die Kinder bauen die Krippe auf, wenn möglich mit selbstgebastelten Figuren. Jedes Kind, das seine Figur hinstellt, sagt den dazugehörenden Vers. Die Verse können auch von Gruppen oder von allen Kindern gesprochen werden und so das Tun des einzelnen begleiten.

Kind mit Maria: Das Kindlein liegt nicht gern allein.
Drum soll die Mutter bei ihm sein.
Zwar ist sie müde von der Reise,
doch ruht sie nicht, sie singt ganz leise.
Damit das Kindlein schlafen kann.
Wir helfen ihr. Stimmt alle an:

Die Kinder singen ein weihnachtliches Wiegenlied, z.B. „Still, still, still, weil's Kindlein schlafen will".

Kind mit Josef: Auch Vater Josef mag nicht ruhn.
Er will dem Kindlein Liebes tun.
Schnell holt er frisches Stroh herbei,
damit das Bettlein weicher sei.

Kind mit d. Öchslein: Das Öchslein muht: Seid mir willkommen.
Ich hab euch gerne aufgenommen.
Ich bin nicht, wie die Menschen sind,
hab immer Raum für dieses Kind.

Kind mit d. Eselein: Das Eselein will auch was sagen:
Ich hab die Mutter hergetragen.
Ich trage Kind und Mutter weiter,
gehorche Josef, meinem Leiter.

Kind mit Engeln: Jetzt wird die Nacht so hell und klar.
Vom Himmel kommt der Engel Schar.
Sie singen für das Kind im Stroh.
Da wird die ganze Erde froh.

Die Kinder singen ein Engellied, z. B. „Vom Himmel hoch, ihr Englein kommt".

Kinder mit Hirten: Die Hirten hören den Gesang.
Zuerst wird ihnen angst und bang.
Doch nein! Viel Gutes ist geschehn.
Gleich wollen sie das Kindlein sehn.

Kinder mit Schafen: Da werden alle Schafe wach
und laufen ihren Hirten nach.
Sie können zwar dem Kind nicht singen,
doch Wolle möchten sie ihm bringen.
Nimm, Kind, dann macht die Mutter dir
daraus ein weiches Kuscheltier.

Kind mit Hund: Der Schäferhund keucht hinterher.
Die ganze Herde hütet er.
Das Kindlein will er auch bewachen.
Wer ihm was tut, hat nichts zu lachen.

Alle singen ein Hirtenlied, z.B. „Was soll das bedeuten" oder „Kommet ihr Hirten".

Kind mit Stern: Und über allem strahlt ein Stern.
Den sehn die Menschen nah und fern.
Und alle staunen, alle fragen:
Was will der helle Stern uns sagen?

Kinder mit den drei Königen:
Drei Könige im Morgenland,
Die haben diesen Stern erkannt
als Zeichen für die Weihnachtszeit.
Sie wissen wohl, der Weg ist weit.
Doch folgen sie dem hellen Stern.
Zum Kindlein wollen sie so gern.

Alle Kinder: Wir wollen auch zur Krippe ziehn
und bei dem Kindlein betend knien.
Kommt alle mit und helft uns singen,
dem Kindlein Lob und Dank zu bringen.

Die Kinder knien um die von ihnen aufgebaute Krippe, die Erwachsenen bilden einen Kreis um sie. Alle singen gemeinsam „Ihr Kinderlein kommet" oder „Ich will vor Freude singen" (s. S. 189).

Weitere Spielanregungen

Im Anschluß an die Anspielszene könnte die Erzieherin die Weihnachtsgeschichte erzählen und von den Kindern nachspielen lassen. Durch die spontane Darbietung der Kinder erleben die Erwachsenen die Weihnachtsgeschichte neu und tiefer. Jedes Kind kann zu seiner Krippenfigur spontan sagen, was ihm gerade einfällt. So erzählen die Kinder den Erwachsenen auf ihre Weise die Weihnachtsgeschichte.

Jedes Kind kann sich durch kleine, gute Taten, durch mutiges oder liebevolles Verhalten während der Adventszeit im Kindergarten Strohhälmchen verdienen. Anstatt Krippenfiguren aufzustellen, bringen die Kinder dem Christkind ihr Stroh, damit es weicher liegt. Dabei erzählen sie, wie sie es verdient haben, und schenken so dem Kind in der Krippe Hingabe und guten Willen.

Ursula Burkhard

Wie's damals war in Betlehem

Tischtheater-Spiel

In stilistisch einfacher Sprache erzählt findet man die gesamte Weihnachtsgeschichte in R. Krenzer: Weihnachten im Kindergarten, Edition Kemper im Verlag Ernst Kaufmann, Lahr. Ebenfalls sprachlich sehr einfach gestaltet und ausgezeichnet zum Zuhören erzählt auf der TREFFPUNKT-Cassette „Jesus ist geboren" bei Studio Union im Lahn-Verlag, Limburg.
Mit den Jüngsten im Kindergarten lassen sich die wesentlichen Stationen der Weihnachtsgeschichte mit Hilfe des TISCHTHEATERS darstellen, erzählen und begreiflich machen. Vielseitig verwendbar sind hier die Figuren der Weihnachtskrippe, die sich beliebig erweitern lassen. Wenn man die Kinder um sich herum an den Tisch setzt, können die einzelnen Figuren beim Erzählen der Weihnachtsgeschichte so aufgebaut und bewegt werden, daß mit ihnen – sichtbar für alle – das gesprochene Wort wesentlich verdeutlicht wird. Nach und nach können die Kinder selbst die Figuren aufstellen und dazu die Geschichte erzählen.
Das nachfolgende Beispiel läßt sich auch mit der Verkündigung der Hirten und der Anbetung der Weisen weiterführen. Eine reizvolle Gestaltung der Weihnachtsgeschichte ergibt sich auch dann, wenn wir unsere Finger als Spielfiguren einsetzen.

Erzählbeispiel

Josef und Maria gehen von einem Haus zum anderen. Niemand hat Platz.	*Es sind verschiedene Häuser aufgebaut. Die Kinder dürfen selbst die Figuren zu den Häusern führen.*
Aber da ist ein Stall.	*Der Stall wird auf den Tisch gestellt.*
Im Stall ist Heu und Stroh.	*Der Stall wird mit Heu ausgepolstert.*
Da ist auch ein Esel und eine Kuh.	*Die beiden Tiere werden hineingestellt.*
Sie finden ihr Futter in der Krippe.	*Die Krippe wird in den Stall gestellt.*
Josef und Maria gehen zum Stall.	*Die Figuren werden dorthin geführt.*
Hier ist Platz.	*Josef und Maria werden im Stall aufgestellt.*
Im Stall wird Jesus geboren. Er liegt in der Krippe.	*Das Kind wird in die Krippe gelegt.*

Rolf Krenzer

Die Herbergssuche

Fingerspiel

Alle Kinder sitzen um den Tisch. Die Erzieherin erzählt in einfachen Sätzen die Weihnachtsgeschichte und spielt dazu mit den Fingern. Jedes Kind spielt für sich allein mit. Es besteht auch die Möglichkeit, daß alle gemeinsam spielen. Dann können Rollen verteilt werden: Ein Kind stellt mit Zeige- und Ringfinger Maria, ein anderes Josef dar. Eines bildet mit einer Hand oder beiden Händen einen Stein, eine Bank oder einen Baumstumpf. Darauf können sich Maria und Josef ausruhen. Ein Kind formt mit den abgerundeten Fingern beider Hände den Stall, etwa wie eine Höhle, die vorn offen ist.
Die anderen Mitspieler stellen je mit den ausgestreckten Händen Häuser mit spitzen Dächern dar. Beide kleinen Finger werden waagerecht gehalten und sind die Tür. Einer der Daumen ist jeweils die Person, die aus dem Haus kommt.
Soll sich die Tür öffnen, strecken sich die beiden kleinen Finger nach oben, zum Dach. Der Daumen wird unter dem Dach hindurch nach vorne durchgestreckt, um dort seine Rolle an der Tür zu spielen. Evtl. können auch beide Daumen mitspielen. In diesem Fall muß der Text entsprechend verändert werden, z. B.: eine Frau und ihr Mann, oder: zwei Brüder, oder: zwei Kinder …

Erzähltext	*Fingerspiel*
Zwei Leute sind unterwegs nach Betlehem.	*Zeige- und Mittelfinger einer Hand gehen. Evtl. Daumen mit Ring- und kleinem Finger an Handfläche halten.*
Sie sind sehr müde.	*Die Finger gehen immer langsamer.*
Die Frau muß sich setzen und ausruhen. Sie bekommt bald ein Kind.	*Einen Finger einknicken und auf der Unterlage absetzen.*
Ihr Mann setzt sich neben sie.	*Den zweiten Finger auch einknicken und absetzen.*
Er tröstet sie: Wir sind bald da. Wißt ihr, wer die beiden sind? Maria und Josef.	*Der eine Finger reibt = streichelt den anderen.*
Nun gehen sie weiter. Sie kommen nach Betlehem. Hier wollen sie ein Zimmer suchen, einen Platz zum Ausruhen.	*Die beiden Finger gehen weiter. Mit der anderen Hand wird ein Haus dargestellt: Handballen und Finger so aufstellen, daß die Knöchel den Dachfirst bilden. Der Daumen ist die Tür.*
Maria und Josef bleiben vor einem Haus stehen.	*Die zwei Finger der einen Hand bleiben vor dem Haus stehen.*
Josef klopft an die Haustür.	*Klopfen eines Fingers auf die Unterlage. Evtl. durch Klopfen mit dem Fuß hörbar machen.*

Eine Frau kommt heraus und fragt: Was wollt ihr denn?	*Der Daumen der Haushand spielt die Frau und bewegt sich zum Sprechen.*
Josef sagt: Wir sind schon lange unterwegs. Wir sind müde. Wir suchen einen Platz zum Ausruhen.	*Der Josef-Finger bewegt sich kaum.*
Die Frau antwortet: Es tut mir leid. Wir haben kein Zimmer für euch.	*Der Daumen bewegt sich.*
Maria und Josef gehen zum nächsten Haus.	*Die zwei Finger gehen zum Haus, das mit der anderen Hand an einer anderen Stelle dargestellt wird.*
Josef klopft wieder an der Haustür.	*Der Josef-Finger klopft hörbar.*
Ein Kind kommt heraus und fragt: Was wollt ihr denn?	*Der Daumen bewegt sich zum Sprechen.*
Josef sagt: Wir sind schon lange unterwegs. Wir sind müde. Wir suchen einen Platz zum Ausruhen.	*Der Josef-Finger bewegt sich kaum.*
Das Kind antwortet: Es tut mir sehr leid. Wir haben kein Zimmer für euch.	*Der Daumen hebt sich bedauernd.*
Maria und Josef klopfen an vielen Türen an, aber sie finden kein Zimmer zum Ausruhen.	*Die zwei Finger gehen jeweils ein Stück. Einer klopft dann hörbar an der nächsten Haustür. Die andere Hand stellt dazu an je einem anderen Standort ein Haus dar.*
Maria sagt: Ich bin so müde. Und mein Kind kommt auch bald zur Welt.	*Die beiden Finger bleiben stehen.*
Josef tröstet sie: Hab Geduld. Bald darfst du dich ausruhen.	*Zum Trösten wird der eine Finger um den anderen gelegt.*
Komm, wir klopfen an dieser Haustür.	*Der Josef-Finger zeigt auf die Haustür und führt Maria zu ihr hin.*
Josef klopft an die Tür.	*Klopfen wie vorher – hörbar.*
Ein Mann kommt heraus und fragt: Was wollt ihr denn? Es ist doch schon spät!	*Der Daumen der Haushand bewegt sich.*
Josef sagt: Wir sind müde. Wir suchen einen Platz zum Ausruhen.	*Der Josef-Finger legt sich um den anderen Finger = hat den Arm um Maria gelegt.*
Der Mann antwortet: Wir haben kein Zimmer für euch. Aber wir haben einen Stall. Da ist es warm. Da könnt ihr ausruhen.	*Der Daumen der Haushand bewegt sich.*

Seht, der Stall ist dort drüben.

Der Daumen zeigt deutlich in eine bestimmte Richtung. Dabei wird die Hand zur Faust.
Sogleich bildet diese Hand in der angezeigten Richtung auf der Seite liegend eine kleine Höhle. Der Daumen wird zum vorderen Dach.

Maria und Josef sind sehr froh. Sie gehen zum Stall. Da ist es warm. Da haben sie einen Platz zum Ausruhen. Da kann Maria ihr Kind bekommen.

Die zwei Finger gehen zum Stall und in ihn hinein.
Indem die Stallhand um die andere Hand gelegt wird, endet das Spiel.

Das kleine Krippenspiel

Singspiel

In dem folgenden kleinen Krippenspiel zieht sich ein einfach gestaltetes Spiellied durch das ganze Spiel. Die Kinder agieren zu diesem Spiellied, das von allen gesungen wird, pantomimisch. Eine ganz einfache Form, die ihren besonderen Reiz dadurch erhält, daß die Melodie zu jeder Szene in einer anderen Tonart gesungen werden kann, so daß das Lied durch diesen musikalischen Kniff nie langweilig wird, sondern zu jeder Szene wieder neu erscheint. Selbstverständlich kann man auch einer hier vorgestellten Variation alle Texte der weiteren Strophen unterlegen. (Das Musikspiel ist leicht gekürzt zu finden auf der MC „Dann fängt Weihnachten an", Musikbär-Verlag Paul G. Walter, Eichenweg 15 a, 6905 Schriesheim)

1. Szene: Maria und Josef gehen zu einem Gasthaus und klopfen an

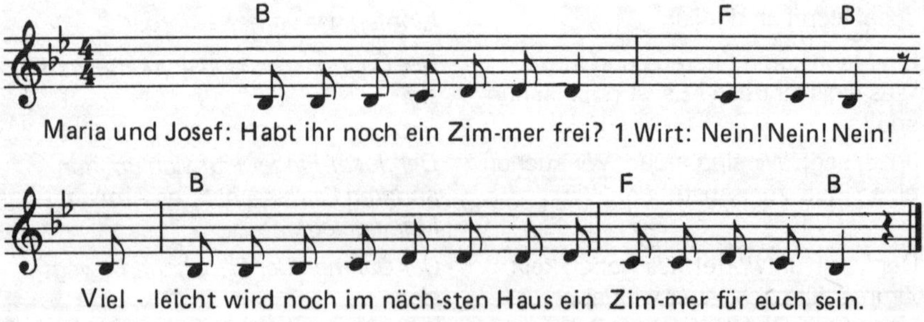

Maria und Josef gehen weiter zum nächsten Gasthaus.

C G C
M u. J: Habt ihr noch ein Zim-mer frei? 2. Wirt: Nein! Nein! Nein!
C G C
Viel - leicht wird noch im näch-sten Haus ein Zim-mer für euch sein.
Maria und Josef gehen weiter.
D A D
M u. J: Habt ihr noch ein Zim- mer frei? 3. Wirt: Lei - der nein!
D A D
Doch rich - tet euch für die - se Nacht in mei-nem Stall nur ein.
Er führt Maria und Josef zum Stall.
B F B
M u. J: Kalt und dun - kel ist's im Stall. 3. Wirt: Tre - tet ein!
B F B
Ich stel - le die La- ter - ne in den dunk-len Stall hin-ein.
C G C
Josef: Hell ist's jetzt im klei - nen Stall. Komm her - ein!
C G C
Maria: Und mor-gen früh wird in dem Stall das Kind ge-bo- ren sein.

2. Szene: Die Hirten werden von den Engeln geweckt.

Die Hirten erblicken die Engel.

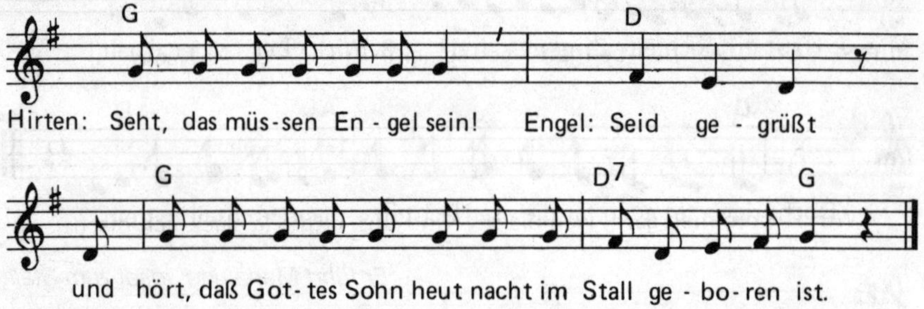

Die Hirten laufen zum Stall.

3. Szene: Anbetung im Stall

Sie knien vor der Krippe.

4. Szene: Die Sterndeuter beten das Kind an

Die Sterndeuter kommen. Der Stern geht ihnen voran.

Sie knien vor der Krippe.

Alle singen zusammen:

In Betlehem

Klanggeschichte

Instrumente

Triangel

Klanghölzer

Handtrommel

Hängendes Becken

Cymbeln

Gurke (Guiro)

Holzblocktrommel

Glockenspiel

Metallophon

Xylophon

Xylophon-Einzelstab

Die Instrumente können auch durch ähnlich klingende ersetzt oder ergänzt werden. Unter Umständen genügt auch ein einziges Instrument pro Strophe. – Glockenspiel, Metallophon und Xylophon ohne F und H einsetzen! – Alle Klangaktionen entweder gleichzeitig zum Strophentext durchführen oder als Nachspiel zur jeweiligen Strophe.

Text:
Je nach den vorhandenen Möglichkeiten wird entweder jede Strophe von einem anderen Kind gesprochen oder jedes mitspielende Kind spricht zwei oder mehrere Strophen. Bei sehr kleinen Gruppen liest die Erzieherin/Lehrkraft den ganzen Text.

Aufstellung:
Die sprechenden Kinder stehen im Halbkreis, die musizierenden rechts und links außen.

Weitere Gestaltungsmöglichkeiten:
Die Handlung wird von einigen Kindern vor dem Halbkreis pantomimisch dargestellt.
Die Kinder fertigen in Vorarbeit passende Transparentbilder (s. S. 116 f.), die als Dias an die Wand projiziert werden.

1. Vor langer Zeit, vor langer Zeit zog Josef mit Maria weit, bis nach Betlehem.	1 Beckenschlag, mit Filzschlegel geschlagen im Schrittempo

2. Sie fragten an, sie fragten an, wo man wohl übernachten kann dort in Betlehem.		langsamer werdend 3 Schläge
3. Der Wirt sagt: „Nein!“ und nochmal: „Nein! Mein Haus ist voll und viel zu klein. Zu voll ist Betlehem.“		je 1 lauter Schlag pro Zeile
4. „Ein Stall“, sagt er, „ein Stall“, sagt er, „muß für euch reichen. Der ist leer, nahe bei Betlehem.“		je ein Schlag, von G an abwärts (ohne F) frei und leise improvisierend leise und gleichmäßig
5. Dort blieben sie, dort blieben sie und wohnten zusammen mit dem Vieh im Stall bei Betlehem.		auf Trommelfell kreisend frei und leise improvisierend leise und gleichmäßig
6. Bei Esel und Rind, bei Esel und Rind kam zur Welt das Jesuskind im Stall von Betlehem.	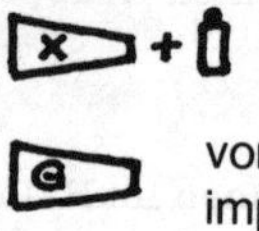	gleichmäßig auf C von oben nach unten improvisierend
7. Der Engel sprach, der Engel sprach: „Geht hin, ihr Hirten, und seht nach im Stall bei Betlehem.		vorab 1 lauter Schlag, dann leise am Beckenrand weiter leise
8. Am Sternenzelt, am Sternenzelt sangen die Engel in alle Welt vom Kind in Betlehem.	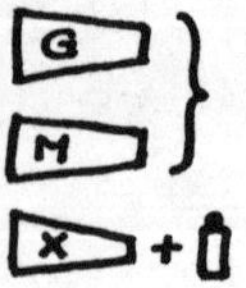	frei improvisierend gleichmäßig auf C

9. Sie gingen hin, sie gingen hin und fanden in dem Stalle drin das Kind von Betlehem.	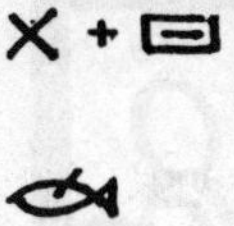	im Schrittempo 3 Schläge langsam streichen
10. Ein Fell, ein Tuch, ein Fell, ein Tuch, ein Fladenbrot. Das war genug fürs Kind von Betlehem.	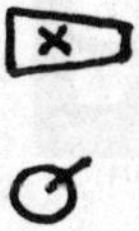	aufwärts und abwärts streichen auf Trommelfell kreisend
11. Da lachte es, da lachte es! So froh und glücklich machte es die Hirten von Betlehem.		aufwärts hüpfend frei improvisierend
12. Sie sangen schon, sie sangen schon mit den Engeln im gleichen Ton fürs Kind von Betlehem.		frei improvisierend
13. Dann liefen sie, dann liefen sie zurück zur Weide und ihrem Vieh, die Hirten von Betlehem.	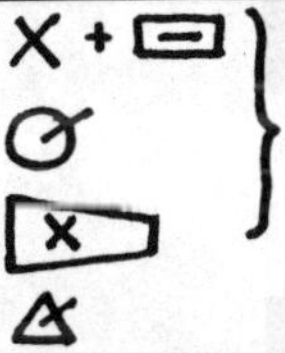	im Schrittempo leiser werdend improvisierend vereinzelt
14. Seit dieser Nacht, seit dieser Nacht hat es uns alle froh gemacht, das Kind von Betlehem.	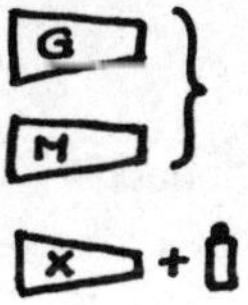	frei improvisierend leiser werdend Ton C tremolo leiser werdend

Ortfried Pörsel

1

2

3

4

5

6

7

8

11

9

12

10

Die drei Wirte von Betlehem

Spielszene

Die drei Wirte, bei denen Maria und Josef damals vielleicht angeklopft haben, erklären, warum sie so und nicht anders gehandelt haben. Aus ihren Worten wird deutlich, daß sich seit 2000 Jahren nichts geändert hat. Die Menschen von damals sprechen wie die von heute.
Bevor wir die Texte hören, versuchen wir selbst zu sagen, mit welchen Entschuldigungen Maria und Josef wahrscheinlich abgewiesen wurden. Der Text gibt uns Anregungen, wie die Wirte in unserem Krippenspiel gestaltet werden können. Mit ein paar Worten lassen sich die Standpunkte der Wirte dann auch im Spiel deutlich machen.

Der erste Wirt: Alle machen mir Vorwürfe,
von damals bis jetzt,
daß ich Josef und Maria
nicht in meinem Gasthaus
habe wohnen lassen.
Aber wie denn, bitteschön, wie denn
hätt' ich mir das leisten können?
Mein Gasthof ist ein Gasthof für Reiche!
Maria und Josef waren arm.
Sie haben sicher nach Schweiß gerochen.
Meine Kunden mögen nicht,
wenn jemand nach Schweiß riecht.
Und dann auch noch so geflickte Kleider!
Meine Kunden mögen nicht
neben Leuten mit geflickten Kleidern sein.

Der zweite Wirt: Alle schelten mich aus,
daß ich Maria und Josef damals,
in jener Nacht, fortgeschickt habe.
Aber mein Gasthof war schon gerammelt voll!
Gewiß, ich hätte sie noch
in das Zimmer über dem Eßsaal nehmen können.
Dort ist es zwar laut,
aber immer schön warm.
Dieses Zimmer halte ich frei
für gute alte Kunden,
die erst spät nachts ankommen.
Nur: Maria und Josef konnten den Preis
für das Zimmer nicht zahlen.
Hätte ich's ihnen etwa umsonst geben sollen?
Ich bitte Sie – hätten *Sie* das getan?

Der dritte Wirt: Seit damals hab ich ein schlechtes Gewissen,
wenn ich an Maria und Josef denke.
Ich hab sie nicht abgewiesen.
Ich hab sie aber auch nicht in mein Haus genommen.
In meinen alten, windschiefen Stall
dort drüben auf den Schafweiden
hab ich sie geschickt.
Obwohl ich gesehen hab,
daß Maria bald ein Kind bekommen würde
und daß sie fast vom Esel fiel
vor Müdigkeit.
Mein Gasthof war zwar voll,
als sie ankamen – so voll,
daß ich sogar Matratzen in die Flure legte.
Aber hätte ich sie nicht
in meine eigene Wohnung nehmen können?
Dann hätte meine Frau der Maria beigestanden,
und wir hätten ihr neugeborenes Kind
in die Wiege unserer Kinder gelegt,
die schon groß waren.
Jetzt schäm' ich mich,
daß ich so lieblos war.

In der Nacht

2. In der Nacht,
in der Nacht,
mitten in der Nacht
hat Maria ein Kind zur Welt gebracht.
In der finsteren Nacht
ist ein Stern aufgewacht.

3. In der Nacht,
in der Nacht,
mitten in der Nacht
hat Maria ein Kind zur Welt gebracht.
Kommen Hirten herein,
um dem Kind nah zu sein.

4. In der Nacht,
in der Nacht,
mitten in der Nacht
hat Maria ein Kind zur Welt gebracht.
Weise Männer von fern
finden hier unsern Herrn.

Ein heller Stern am Himmel

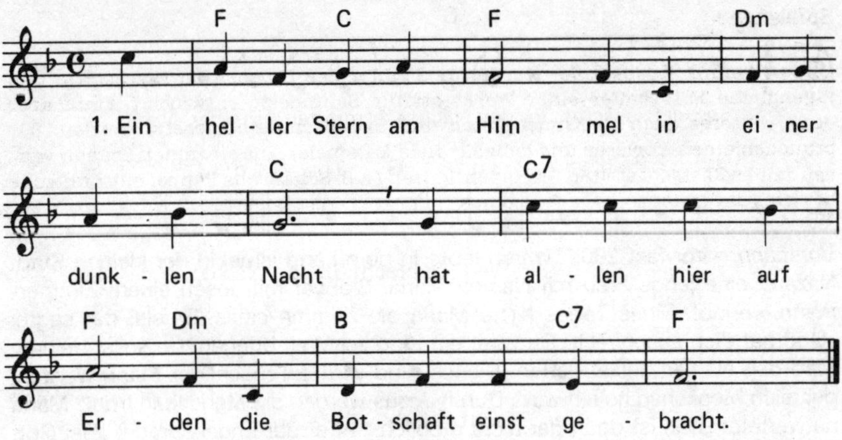

2. Die Hirten auf dem Felde,
die haben sich erschreckt.
Gott schickte einen Engel.
Der hat sie aufgeweckt.

3. Kommt, geht mit uns zum Stall hin!
Dort liegt ein Kind im Stroh.
Das Kind so arm und winzig,
das macht uns alle froh.

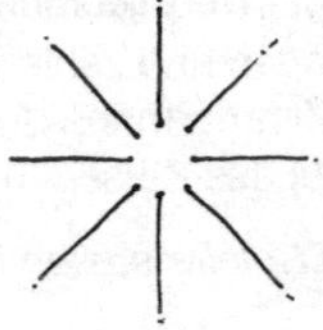

4. Es sah'n drei weise Männer
den Stern am Himmel stehn
und ließen alles liegen,
um zu dem Kind zu gehn.

5. Fin heller Stern am Himmel
in einer dunklen Nacht.
Ja, sagt es allen weiter,
wie froh uns Gott gemacht.

Text: Rolf Krenzer und Renate Wurziger, Melodie: Renate Wurziger

Kommt zur Krippe in den Stall

Spielszene

Dieses Weihnachtslesespiel wurde für Schüler der Lebenshilfe-Tagesstätte und jugendliche Mitarbeiter einer Werkstatt für Behinderte entwickelt, kann aber ohne weiteres auch in Kindergarten und Grundschule eingesetzt werden. Wir brauchen einen Vorleser und beliebig viele Mitspieler. Die einzelnen Szenen werden mit (selbstgebastelten) Krippenfiguren (z.B. Schafe aus Pappe, mit Rohwolle beklebt) dargestellt.

Vorspann: Vor fast 2000 Jahren lebte in dem Land Israel in der kleinen Stadt Nazaret eine junge Frau mit Namen Maria. Sie war mit Josef, einem Zimmermann, verlobt. Eines Tages hörte Maria die Stimme eines Engels, der sagte: „Gott hat dich auserwählt. Du wirst ein Kind zur Welt bringen. Du sollst deinem Kind den Namen Jesus geben. Dieses Kind wird ein mächtiger Mann werden, der allen Menschen helfen wird. Durch Jesus werden die Menschen froh." Maria antwortete: „Das ist doch gar nicht möglich." Aber der Engel sprach: „Bei Gott ist nichts unmöglich."

Szene 1: Damals wollte der römische Kaiser Augustus wissen, wie viele Menschen in seinem großen Reich lebten. In allen Ländern ließ er eine Volkszählung ausrufen. Jeder mußte in die Stadt reisen, wo er geboren war. Dort sollte er sich eintragen und zählen lassen.
Der Zimmermann Josef war in Betlehem geboren. So machte er sich nach dem Befehl des Kaisers mit seiner Frau Maria auf den weiten Weg dorthin.

Zwei Spieler stellen Maria und Josef auf, evtl. mit bepacktem Esel.

Szene 2: Da Maria ein Baby erwartete, kamen sie nur langsam voran. Endlich traten sie durch das Stadttor von Betlehem. Viele Menschen drängten sich in den Straßen. Es war kein Platz mehr in den Häusern. Erst spät am Abend fanden Maria und Josef noch Unterschlupf in einem kleinen Stall.

Ein Spieler stellt den Stall auf. Zwei Spieler stellen Josef und Maria im Stall auf.

Szene 3: Kühe und Esel schliefen in dem Stall. Frisches duftendes Heu war aufgeschüttet. Maria und Josef waren froh, daß sie einen Platz für die Nacht hatten.

Mehrere Spieler bringen Kühe, Esel, eine Krippe und Heu.

Szene 4: In der Nacht war es an der Zeit, daß das Kind zur Welt kommen sollte. Maria gebar ihren Sohn. Sie wickelte ihn in Windeln und legte ihn in eine Krippe.

Ein Spieler legt das Jesuskind als modernes Kinderfoto in die Krippe.

Szene 5: Nicht weit davon waren Hirten auf dem Feld bei ihren Herden. Sie wachten bei ihren Schafen. Es war eine kalte Nacht. Die Nacht, in der Jesus zur Welt kam.

Mehrere Spieler stellen Hirten und Schafe auf.

Szene 6: Plötzlich leuchtete ein heller Schein am Himmel. Die Hirten fürchteten sich sehr. Ein Engel sprach zu ihnen: „Fürchtet euch nicht! Ich verkünde euch eine große Freude, euch und allen Menschen. Heute nacht wird für euch Jesus geboren. Geht nach Betlehem. Dort werdet ihr das neugeborene Kind in einer Krippe finden." – Und jetzt kamen ganze Scharen von Engeln, die sangen: „Ehre sei Gott in der Höhe und Friede den Menschen auf Erden!"
Und dann waren die Engel fort. Es war wieder dunkel. Die Hirten schwiegen noch lange still. Dann sagten sie zueinander: „Kommt, wir wollen nach Betlehem gehen und schauen, was uns der Engel gesagt hat!" Und sie liefen los.

Mehrere Spieler führen die Hirten in Richtung zum Stall.

Szene 7: Sie fanden den Stall und sahen Maria und Josef. In der Krippe lag das Kind, genau wie es ihnen der Engel gesagt hatte. Da freuten sich die Hirten sehr. Sie beteten und lobten Gott.

Mehrere Spieler gruppieren die Hirten um die Krippe.

Gebet:
Beten wollen wir auch, wie es die Hirten damals an der Krippe getan haben.
Es ist wieder Weihnachten. Lichter brennen. Wir feiern den Geburtstag von Jesus. Wir singen Lieder. Wir haben Geheimnisse. Wir basteln und wollen Freude machen. Wir freuen uns, weil Jesus geboren ist. Dafür danken wir.
Beten wollen wir für alle, auch für die, die sich nicht so freuen können wie wir.
Lieber Jesus Christus. Wir denken miteinander an alle Menschen, die dich brauchen. Wir bitten dich für alle die vielen, die krank sind und allein. Wir bitten dich für alle die, die Schmerzen oder Angst haben. Sie brauchen dich. Gib ihnen einen Menschen, der ihnen ein Licht bringt und sie tröstet. Amen.

Szene 8: Die Hirten erzählten alles, was sie gesehen und erlebt hatten, ihre ganze Freude, weiter. Ihren Verwandten, ihren Freunden, allen Leuten, die ihnen begegneten, riefen sie zu: „Wißt ihr schon, daß Jesus geboren ist, der Heiland? Wir haben ihn gesehen. Dort in Betlehem liegt er, im Stall, in einer Krippe! Geht hin und betet ihn an!"

Mehrere Spieler führen die Hirten fort. Die Hirten begegnen anderen Menschen.

Szene 9: Und viele Menschen kamen zur Krippe in den Stall, um das Jesuskind zu grüßen: Verschlafene Nachtwächter, die plötzlich hellwach waren. Mädchen, die in der Gastwirtschaft gearbeitet hatten. Landstreicher, die kein Geld und kein Bett hatten. Selbst der Mond stieg ein paar Stufen vom Himmel herab, um in die Krippe zu blinzeln.

Mehrere Spieler führen die genannten Figuren zur Krippe.

Szene 10: Sie alle kamen, um zu gratulieren. Sie sagten: „Wir haben erfahren, hier ist ein Sohn geboren worden. Wir wollen ihn gern sehen. Es könnte ja sein, daß er der ist, auf den wir warten: der neue König, der die ganze Welt verändern wird."

Mehrere Spieler führen die Krippenbesucher ins Publikum.

Szene 11: Kaiser und Könige wissen davon nichts. Es geht sie vielleicht auch nichts an. Uns ist dieser Jesus mehr wert als alle diese zusammen. Für ihn singen und spielen wir.
So geht von den Hirten und von den Armen die frohe Botschaft aus und läuft bis heute um die ganze Welt. Jesus macht uns froh. – Diese Botschaft ist zu allen Kindern in allen Völkern gekommen und so auch zu uns.

Ulrich Kolkmann, Jochen Krentel, Renate Wurziger

Der Stern von Betlehem

Singspiel

Mitspieler: Sterne (in beliebiger Anzahl); Sternschnuppe; Verkündigungsengel; drei Hirten; Maria; Josef; die Heiligen Drei Könige mit sichtbaren oder unsichtbaren Dienern. Das Spiel kann ohne alle Kostüme gespielt werden. Es können aber auch einfache Kostüme angefertigt werden.

Die Sterne: Aus großem gelben Plakatkarton schneiden wir große Sterne aus. Die Kinder halten sie so vor sich, daß nur noch Beine und Kopf hervorschauen. Auf den Kopf kann noch zusätzlich eine aus Stanniolpapier gebastelte Krone. Die Sternenkinder können außerdem weiße Strümpfe tragen. Auch weiße Kleider, auf denen große goldene Sterne befestigt sind, können als Kostüme verwendet werden.

Sternschnuppe: Genau wie die anderen Sterne, aber mit einem langen Schweif aus Pappe.

Verkündigungsengel: Vorsicht – er darf kein Kitschengel werden! Es eignet sich ein langes, einfarbiges Kleid oder ein einfarbiger Trainingsanzug. Man kann auch ein Kind in ganz normaler Kleidung auftreten lassen und eventuell mit einem Scheinwerfer besonders herausstellen.

Hirten: Einfarbige Umhänge in gedämpften Farben, z.B. Ponchos oder Kleidung aus Sackleinen.

Maria und Josef: In Straßenkleidung, vielleicht ein Kopftuch für Maria und einen Hut und einen Wanderstock für Josef.

Drei Könige: Sie können phantasievoll ausgestattet und gekleidet werden. Mit Schlafanzügen, aus Handtüchern gedrehten Turbanen oder mit Pappkronen lassen sich die Könige trefflich ausstaffieren.

Die Krippe kann aus einem Karton oder aus Holz gebastelt werden. Auch ein Kissen auf Stroh kann im Halbkreis eine Krippe darstellen.
Die Könige können bunte Gefäße oder Büchsen überreichen, in denen die Geschenke verborgen aufbewahrt sind.

I.

Alle singen gemeinsam:

© Text: Rolf Krenzer, Melodie: Siegfried Fietz

Sterne *(ziehen auf, stellen sich im Hintergrund der Bühne in einen großen Halbkreis. In der Mitte der Sternreihe steht die Sternschnuppe):*
Wir sind die Sterne in himmlischer Ferne
wir strahlen und funkeln im Dunkeln.

Sternschnuppe: Ich bin der Stern mit der Schnuppe.
Ich zieh' übern Himmel
durchs Sternengewimmel
und glimm' über Tal und Kuppe.
Ihr Frommen und auch ihr weniger Frommen,
seid herzlich willkommen!
An diesem Winternachmittag heute,
da spielen wir euch ein Krippenspiel.
Ach bitte, erwartet nicht zu viel!
Wir sind ja nur kleine Leute.
Gefällt's euch, dann freut euch.
Wenn nicht, dann vergeßt es.
Wir tun jedenfalls unser Bestes.

Die drei Hirten legen sich im Sternenhalbkreis nieder.

1. Hirt: Wir sind die Hirten –
2. Hirt: – bei unseren Schafen.
3. Hirt: Wir schlafen.
Der Engel *(kommt aus dem Hintergrund, stellt sich vor die Sternschnuppe)*:
Ich bin der Engel –
weit, weit zu sehen!
Ich schwebe am Himmel
und leuchte so schön.
1. Hirt: Ich kann nicht schlafen.
Es wird so hell.
He, Basti, hörst du das Hundegebell?
2. Hirt: Hannes, du Depp,
laß mich in Ruh'.
Leg dich und mach die Augen zu!
1. Hirt: Schau, Lukas, schau –
was kann das sein?
Siehst du am Himmel den hellen Schein?
3. Hirt: Es singt und klingt
in Lüften so klar.
So feierlich ist es, so wunderbar!
1. und 3. Hirt: *(rütteln den 2. Hirten)*:
Hör auf mit deinem Geschnarch und Geschnauf!
Erheb dich und schau:
Der Himmel geht auf!
Engel: Ihr Hirten erwacht!
Ihr Hirten erwacht!
Heut ist eine Jubel- und Freudennacht!
Ihr Hirten, laßt die Herde stehn
und lauft, um Gottes Kind zu sehn!
In Betlehem in einem Stall,
hinter Berg und Tal,
wo der helle Strahl
des Sterns hinfällt,
kam's auf die Welt.
Lauft hin und erzählt es überall!
Vergeßt ein Geschenk nicht,
lauft geschwind
und heißt willkommen das Jesuskind!
1. Hirt: Ein Engel! Ein Engel!
2. Hirt: Jetzt ist er weg.
3. Hirt: Schaut her, wie ich zittre –
aus Freude, aus Schreck!

1. Hirt:	Kommt, Basti, Lukas, laßt uns gehn. Wir wollen Gottes Kindchen sehn!
2. Hirt:	Wir wissen ja die Richtung nicht.
3. Hirt:	Stern, zeig uns den Weg mit deinem Licht.

Die Sternschnuppe zieht davon, ihr folgen die drei Hirten. Musik.

II.

Im Sternenhalbkreis steht jetzt die Krippe. Neben ihr sitzt Maria, steht Josef.

Josef:	Ich bin der Josef, ein Mann vom Bau.
Maria:	Ich bin Maria, seine Frau. Seht ihr das Kindchen, das da liegt? Das haben wir soeben gekriegt.
Josef:	Ein kräftiger Junge.
Maria:	Er hat schon geschrien.
Josef:	Wir nennen ihn Jesus.
Maria:	Wir lieben ihn!
Josef:	Wir haben kein Bettchen, kein Fell für das Kind. Es wird uns erfrieren im kalten Wind!
Maria:	Ach Josef – spürst du's, siehst du's nicht? Der Stall wird warm ... und voll von Licht ... und hallt von Jubelmelodei'n. Ich glaub, der Himmel kehrt bei uns ein!
Josef:	Schau dort – ein Engel! *(Licht fällt auf den Engel)*
Maria:	Schau da – ein Stern! *(Sie zeigt auf die Sternschnuppe, die sich nähert).*
Engel:	Ich bring euch Grüße von Gott dem Herrn!

Musik. Die Hirten nähern sich.

III.

1. Hirt:	Grüß Gott. Wir sind drei Hirten vom Feld. Der Engel hat uns hierher bestellt.
2. Hirt:	Wir sind gewandert durch Nacht und Wind.
3. Hirt:	Wo ist das neugeborene Kind?

Maria:	Kommt her, und schaut: Hier liegt's im Stroh.
1. Hirt:	Wie lieb es lächelt!
2. Hirt:	Das macht uns froh.
3. Hirt:	Um uns ist es nicht gut bestellt.
1. Hirt:	Wir sind sehr arm, wir haben kein Geld.
2. Hirt:	Doch drei kleine Gaben, drei Lämmerfelle, die sollst du, Kind, haben auf der Stelle.
3. Hirt:	Ein schwarzes zum Draufliegen, ein weißes zum Drunterschmiegen, ein braunes unters Schöpfchen. Nun schlaf, du Lockenköpfchen!
Alle drei Hirten:	Wir woll'n das Gotteskind loben und Gott den Herrn dort oben.
Maria:	Ihr lieben Hirten, wir danken sehr!

Die Sternschnuppe entfernt sich unauffällig.

Josef:	Nun friert unser Jesuskind nicht mehr.

Musik.

IV.

1. Hirt:	Jetzt kommt Besuch von reichen Herrn! *(Er deutet in die Ferne.)* Sie ziehn heran aus weiter Fern.
2. Hirt:	Drei Könige sind's auf Kamelen.
3. Hirt:	Die Diener auch nicht fehlen.
Josef:	Was woll'n sie bei uns und unserm Kind, wo wir weder Grafen noch Könige sind?
1. Hirt:	Sie steigen ab, sie kommen her, als ob hier das Ziel ihrer Reise wär'!

Die Sternschnuppe erscheint. Hinter ihr schreiten die drei Könige feierlich in den Halbkreis, wo sich die Hirten nun neben Maria und Josef gelagert haben.

1. König:	Ihr lieben Leute, wir sind bekannt als Könige aus dem Morgenland.

Josef:	Sagt, womit ich euch dienen kann. Ich bin nur ein armer Zimmermann mit Frau und Kind im Notquartier. Unser Zuhause ist nicht hier.
2. Hirt:	Und wir sind nichts als arme Hirten.
Maria:	Wir können euch nicht einmal bewirten!
2. König:	Wir zogen fast ein halbes Jahr, wir: Kaspar, Melchior, Balthasar. Eine Botschaft haben wir verspürt. Der Stern hat uns hierher geführt.
3. König:	Wir beten dich an, du Kind so hold, und schenken dir Weihrauch, Myrrhe und Gold.

Sie knien vor der Krippe nieder.

Maria:	*(abwehrend)* Jesus ist doch nur ein Kind, grad so wie Kinder eben sind!
1. König:	Unsre Botschaft sagt, daß er König ist. Uns wundert, daß ihr davon nichts wißt!
Josef:	Wir wissen nur, daß rund um das Kind in dieser Nacht lauter Wunder sind: Licht, Wärme, Liebe und himmlischer Sang ...
Maria:	Habt für die Geschenke herzlichen Dank!
Josef:	Dir, lieber Gott im himmlischen Schein, versprechen wir: Deinem Kindchen klein wollen wir gute Eltern sein.

Musik.

Sternschnuppe:	Habt Dank auch ihr, ihr lieben Leute, daß ihr uns zugeschaut habt heute. Jetzt ist unser kleines Krippenspiel aus. Lebt wohl! Kommt alle gut nach Haus und feiert das Fest der Geburt Jesu Christ mit so viel Liebe, Erbarmen und Güte, wie euch, liebe Leute, möglich ist.

Alle singen gemeinsam das folgende Lied:

2. Leuchte, Stern von Betlehem,
leuchte hell durch die Nacht.
Das Kind liegt in der Krippe,
mitten im Stroh der Krippe,
das alle glücklich macht,
das alle glücklich macht.

3. Leuchte, Stern von Betlehem.
Ein Wunder ist geschehn!
Das haben viele Leute,
große und kleine Leute
heut nacht im Stall gesehn,
heut nacht im Stall gesehn.

4. Leuchte, Stern von Betlehem,
weit in die Welt hinaus.
Gott schenkt uns seinen Frieden.
Geht drum mit Gottes Frieden,
tragt ihn zu euch nach Haus,
tragt ihn zu euch nach Haus!

Hinter der Sternschnuppe her ziehen die Mitspieler aus dem Saal.

Gudrun Pausewang

Ein Kind ist uns geboren

Spielszene

Mitwirkende: Maria, Josef, der Wirt, 1. Hirt, 2. Hirt, 3. Hirt, Hirtenjunge, der Verkündigungsengel, Kaspar, Melchior, Balthasar, drei Diener, mehrere Engel.

1. Szene: An der Herberge

Maria und Josef vor der Tür der Herberge.

Josef:	Dies ist Betlehem, Maria. Hier lebte ich als Kind.
Maria:	Ach, Josef, wie bin ich froh, daß wir angekommen sind.
Josef:	Der Weg war weit von Nazaret. Jetzt brauchen wir einen Tisch und ein Bett.
Maria:	Und wär es nur ein Bett mit Stroh. Zum Schlafen reicht das ebenso.

Josef klopft an die Tür der Herberge. Der Wirt öffnet.

Josef:	Einen guten Abend wünschen wir und blieben gern ein paar Nächte hier.
Wirt:	Es tut mir leid! Mein Haus ist voll. Weiß nicht, wie ich euch helfen soll.
Maria:	Wir sind so müde und wären froh, hätten wir nur ein Bett mit Stroh!
Wirt:	Was sagst du Frau? Ein Bett mit Stroh? Stroh kann ich euch geben.
Maria:	Das tut's ebenso.
Josef:	Ist doch noch Platz in diesem Haus?
Wirt:	Nein. Aber schaut doch dort hinaus! Dort auf dem Felde steht mein Stall. Der reicht zum Schlafen auf jeden Fall.

Wirt gibt Josef einen Schlüssel.

	Dort könnt ihr ein paar Tage lang sein, und euer Esel paßt auch noch hinein.
Josef:	Wir danken sehr. Es wird höchste Zeit. Komm, Maria, der Weg ist noch weit.

Wirt schließt die Tür. Josef und Maria ab.

2. Szene: Auf dem Felde.

Ein Hirt wacht. Die beiden anderen und der Hirtenjunge schlafen.

1. Hirt: Die haben's gut! Die können schlafen!
Ich muß wachen bei unseren Schafen.
Mir fallen fast die Augen zu.
Was gäb' ich für ein Stündchen Ruh!

Engel erscheint. Hirt wendet sich geblendet ab.

Engel: Wacht auf, ihr Hirten! Hört auf zu schlafen!
Ihr liegt hier friedlich bei euren Schafen …
Hirtenjunge: Ein Engel! Ein Engel mit leuchtendem Haar!
1. Hirt: Das ist ein Wunder!
2. Hirt: Ja, das ist wahr!
Engel: Ein Wunder ist heut nacht geschehn!
Steht auf! Ihr sollt das Wunder sehn!
Das Jesuskind kam auf die Welt.
3. Hirt: Hört ihr, was er uns erzählt?
1. Hirt: Ein Kind?
2. Hirt: Ein Kind.
Hirtenjungen: Das Jesuskind!
Engel: Von Gott gesandt, bei Esel und Rind.
Geht hin! Ihr findet's in einem Stall.
Schaut's an und erzählt es überall.
Mehrere Engel: Geht hin und sucht das Kind im Stalle!
Freut euch darüber. Wir freuen uns alle.
Ehre sei Gott!

Engel ab.

1. Hirt: Ich glaub, ich träume. Habt ihr das gesehn?
2. Hirt: Na klar! Kommt, laßt uns gehn.
Wir suchen jetzt das Jesuskind.
Hirtenjunge: *(hüpfend)*
Und Ochs und Esel,
und Esel und Rind.
3. Hirt: Kommt! Schnell! Im Siebenmeilenschritt!
1. Hirt: Und jeder nimmt für das Kind etwas mit.

Hirten nehmen Fell, Fladenbrot, Decke o. a. Hirten ab.

3. Szene: Im Stall von Betlehem

Maria legt das Jesuskind vom Schoß in die Krippe.

Maria:	Es war höchste Zeit für mich und das Kind. Wie gut, daß wir untergekommen sind. Ein ärmlicher Stall. Ein einfaches Haus. Schau nur! Unser Kind sieht so freundlich aus.

Josef schaut auf das Jesuskind, bückt sich und streicht Maria übers Haar.

Josef:	Gott hat's so gewollt. Wir sind nicht allein. Es sollte der Stall und die Krippe sein.

Es pocht an die Tür.

Maria:	Wer ist das? Wer kommt nach Mitternacht?

Josef geht zur Tür und öffnet.

1. Hirt:	Ist hier ein Kind zur Welt gebracht?
2. Hirt:	Das Jesuskind kam auf die Welt. Ein Engel hat uns davon erzählt.
Maria:	Ein Engel?
3. Hirt:	Er sagte: Das Jesuskind liegt im Stall bei Esel und Rind.
Hirtenjunge:	Hier ist der Esel und hier ist das Rind! Wetten, daß wir hier richtig sind?

Zeigt dabei auf die Tiere.

1. Hirt:	Genau wie er sagte.
2. Hirt:	Genau, zwei Tiere, ein Kind, ein Mann, eine Frau.
3. Hirt:	Du liebes Kind, wir freuen uns so, liegst du auch nur in der Krippe auf Stroh.
Hirtenjunge:	Wir haben dir auch was mitgebracht!
1. Hirt:	Damit's dich nicht friert in der kalten Nacht.
2. Hirt:	Dann schläfst du gut und schreist nicht so lang, sonst wird deinen Eltern noch angst und bang.

Hirten legen Geschenke auf die Krippe bzw. geben sie der Maria.

3. Hirt:	Jetzt wird es Zeit, nach den Schafen zu sehen. Wir waren beim Kind. Nun laßt uns gehen.
Hirtenjunge:	Ich will aber noch ein bißchen bleiben, will dem Kind die kalten Händchen reiben.
1. Hirt:	Komm!

Schiebt den Hirtenjungen sanft zur Tür. Der schlüpft hinaus und kommt gleich danach wieder herein.

Hirtenjunge: Schaut raus! Da kommt noch mehr Besuch!
Drei hohe Herren in feinem Tuch!

Hirten schauen durch die offene Tür.

1. Hirt: Sie steigen ab.
2. Hirt: Sie kommen zur Tür!
3. Hirt: Macht Platz! Gleich sind sie hier!

Diener stellen sich an der Tür auf. Kaspar, Melchior und Balthasar kommen herein.

Kaspar: Wir wünschen eine frohe Nacht.
Ein Stern hat uns hierher gebracht.
Melchior: Er führte uns viele Meilen weit.
Balthasar: Doch kommen wir zur rechten Zeit.
Kaspar: Ein Kind soll hier geboren sein.
Melchior: Da liegt's in der Krippe beim Lampenschein!
Balthasar: Wir sind am Ziel unsrer langen Reise.
Hier liegt es, das Kind, und schlummert leise.
Dieses Kind schickt Gott auf unsere Erde.

Kniet nieder und gibt Gold im Gefäß.

Kaspar: Damit endlich Frieden auf Erden werde.
Du liebes Kind! Es ist geschehen.
Wir können dich mit unsren Augen sehen.

Gibt dabei ein zweites Gefäß.

Melchior: Du liebes Kind, wir können's kaum fassen,
daß Gott dich uns hat sehen lassen.

Stellt sein Gefäß vor die Krippe.

Balthasar: Du liebes Kind, wir danken dir.
Du kommst zur Welt, bist bei uns hier
auf Heu und Stroh im Lampenschein.
Nun sind wir alle nicht mehr allein.

Kaspar, Melchior und Balthasar wenden sich ab und gehen hinaus. Hirten ebenfalls ab.

Maria: Ach Josef, mein Josef, kannst du das verstehen,
was wir heute nacht gehört und gesehen?
Die Hirten! Die Weisen! Ich kann's kaum fassen.
Josef: Das alles hat Gott geschehen lassen!

Ortfried Pörsel

In Betlehem zur Heiligen Nacht

Spielszene

Mitspieler:
Kaiserlicher Bote (prächtig bunt gekleidet, mit Schriftrolle); Maria (normal gekleidet, später mit Kopftuch); Josef (normal gekleidet, später mit Wanderstock und Laterne); Leute von Nazaret; 4 Personen für Dächer von zwei Häusern; 2 Wirte (in weißer Schürze, evtl. mit Kochlöffel o.ä.); Sternträger (mit Goldfoliensternen an langen Stangen); mehrere Hirten (normal gekleidet, mit Hüten und Stöcken); Engel (in weißen Gewändern).

Als Requisiten brauchen wir:
Die Krippe (evtl. mit Heu oder Stroh); ein schmales längliches Kissen oder eine Puppe als Jesuskind; ein auf Pappe gemaltes Holzfeuer; kleine Geschenke für die Hirten.

Der Vorleser liest den Text zu den einzelnen Szenen vor (oder erzählt ihn). Die Spieler setzen das Vorgelesene gestisch in Handlung um und beteiligen sich je nach Fähigkeit mit wörtlicher Rede.

Es ist in der kleinen Stadt Nazaret. Die Leute sind bei der Arbeit: die Männer auf den Feldern und in der Werkstatt, die Frauen in den Häusern. Nur die Kinder spielen.

Männer und Frauen machen typische Arbeitsbewegungen.

Ein fremder Mann kommt in die Stadt. Er trägt einen prächtigen bunten Rock. Die Leute laufen alle auf dem Marktplatz zusammen, um den Mann aus der Nähe zu bestaunen. Es ist ein Bote des Kaisers.

Der Bote kommt durch den Saal nach vorn. Die Leute laufen zusammen.

Der fremde Mann holt eine Schriftrolle unter dem Gewand hervor. Er liest laut vor: „Der Kaiser Augustus will wissen, wie viele Menschen es in seinem Land gibt. Alle Menschen sollen gezählt werden. Er befiehlt: Jeder muß dorthin reisen, wo er geboren ist. Dort wird ein Beamter des Kaisers jeden Namen auf eine Liste schreiben."

Der Bote entrollt seine Schriftrolle und macht Bewegungen des Lesens.

In Nazaret lebt das Ehepaar Maria und Josef. Sie freuen sich in diesen Tagen auf die Geburt ihres ersten Kindes. Das Kind wird Gottes Sohn sein.

Die Leute setzen sich. Maria und Josef bleiben stehen, stellen sich vor.

Auch Josef und Maria hören den Befehl des Kaisers zur Volkszählung. Sie freuen sich darüber gar nicht. Weil Josef in Betlehem geboren ist, muß er mit Maria dort hingehen. Das wird ein schwerer Weg für die beiden werden.

Josef und Maria machen Gesten des Hörens.

Josef und Maria sind unterwegs. Immer wieder müssen sie Rast machen. Maria ist ja schwanger, und der Weg ist so weit und schwer. Maria stöhnt: „Ach, wären wir doch bald dort!“ Und Josef betet leise: „Lieber Gott, mach, daß wir glücklich nach Betlehem kommen!“

Josef und Maria gehen durch den Saal, machen immer wieder Rast. Maria und Josef sprechen.

Als Maria und Josef in Betlehem ankommen, tun ihnen die Füße schrecklich weh. Sie brechen fast zusammen vor Müdigkeit. Endlich sind sie da. Aber wo sollen sie schlafen? Sie brauchen ein Zimmer. Maria braucht ein Bett. Sie kennen keinen Menschen in der Stadt.

Josef und Maria schauen sich suchend um.

Josef klopft an eine Tür. „Nehmt uns auf, liebe Leute“, sagt er, „bitte, nehmt uns auf!“ – Der Wirt antwortet: „Es geht nicht, in unserem Haus ist kein Platz!“ – Josef klopft noch einmal an einem anderen Haus. Auch dort ist kein Platz. Niemand läßt sie ein. – Die Nacht kommt herauf; es ist bitterkalt. Bald wird Jesus geboren werden.

Zwei Spieler sind ein Haus. Josef klopft mit seinem Stock; er spricht. Der Wirt kommt; er spricht. – Josef und Maria gehen weiter. Die gleiche Szene wird ohne wörtliche Rede wiederholt. – Josef und Maria machen eine Verzweiflungsgeste.

Josef und Maria sind arm. Sie finden kein Zimmer. Sie finden kein Bett. Aber sie finden einen kleinen Stall. Im Stall ist es warm. Im Stall ist eine Futterkrippe; die wird das Kinderbettchen. Aus Heu und Stroh macht Josef ein Bett für Maria.

Josef richtet den Stall ein.

In dieser Nacht, in diesem Stall, wird Jesus geboren. Maria wickelt das Kind in Windeln. Sie legt Jesus in die Futterkrippe. – Gottes Sohn wird in einem Stall geboren. Josef und Maria sorgen für das Kind. – Über dem Stall leuchtet ein heller Stern.

Maria wickelt das Kind. Ein Stern geht auf.

Draußen auf dem Feld vor der Stadt Betlehem hüten Hirten ihre Schafe. Sie wachen bei ihren Schafen; sie hocken um ein Feuer und wärmen sich die Hände. Plötzlich leuchtet ein großes Licht über ihnen.

Hirten hocken um ein Feuer, frieren, reiben sich die Hände.

Mitten in der Nacht schickt Gott einen Boten zu den Hirten. Er weckt die Hirten auf. Die Hirten haben Angst.

Der Bote kommt von der Seite. Die Hirten erschrecken.

Der Bote sagt: „Fürchtet euch nicht! Gottes Sohn ist geboren! Er heißt Jesus. Wenn Jesus groß ist, wird er die traurigen Menschen fröhlich, die unglücklichen Menschen glücklich und die bösen Menschen gut machen. Lauft zum Stall! Dort werdet ihr das Jesuskind finden. Über dem Stall leuchtet ein heller Stern!" – Von allen Seiten kommen Engel hinzu. Sie loben Gott. Sie singen von Gottes Liebe.

Der Bote macht die Geste des Redens.

Nun haben die Hirten keine Angst mehr. Sie laufen zum Stall. Sie nehmen Geschenke mit für das Jesuskind.

Die Hirten nehmen Geschenke mit und gehen zum Stall.

Die Hirten finden das Kind in der Krippe. Sie knien vor dem Kind nieder und beten.

Die Hirten knien vor der Krippe.

Als die Hirten das Kind lange betrachtet haben, müssen sie ihre Freude weitererzählen. Ihren Verwandten, ihren Freunden, allen Leuten, die ihnen begegnen, rufen sie zu: „Für euch ist heute Jesus geboren. Wir haben ihn gesehen."

Die Hirten stellen sich in Reihe vor das Publikum. Sie machen eine Geste des Rufens.

Ulrich Kolkmann, Renate Wurziger

Wenn die andern längst schon schlafen

2. Weil die andern alle schlafen,
können sie nicht sehn,
was den Hirten bei den Schafen
heute nacht geschehn.

3. Kommt vom Himmel hell ein Bote,
der von Gott geschickt.
Da erschrickt man fast zu Tode,
als man ihn erblickt.

4. Voller Angst und voller Grauen
drängen sie sich dicht,
denn wohin sie auch nur schauen,
strahlt um sie ein Licht.

5. Und sie traun kaum ihren Ohren,
als der Engel spricht:
„Gottes Sohn ist heut geboren!
Fürchtet euch doch nicht!

6. Von dem Kind will ich euch künden,
von dem Kind im Stroh.
Lauft, dann werdet ihr es finden,
und es macht euch froh!“

7. Alle Angst ist fortgenommen.
Wenn die Hirten gehn,
sagen sie dem Kind Willkommen.
So wird es geschehn!

Text: Rolf Krenzer, Melodie: Siegfried Fietz

Hört mir zu, ihr lieben Hirten

2. Schaut mal her, ihr lieben Hirten,
seht den Stern so hell und klar.
In kalter Nacht, in dunkler Nacht
wird ein Wunder wahr.

3. Kommt mit mir, ihr lieben Hirten.
Überm Stall funkelt der Stern.
In kalter Nacht, in dunkler Nacht
folgen wir ihm gern.

4. Lauft jetzt schnell, ihr lieben Hirten!
Seht, das Kind liegt dort im Stroh.
In kalter Nacht, in dunkler Nacht
macht es uns so froh.

Was ist in Betlehem heute nacht geschehn?

2. Stern über Betlehem, du führst uns zum Stall.
Dort steht eine Krippe mit Stroh.
Hier liegt ein Kind.
Es macht alle froh.

3. Heut ist in Betlehem Jesus Christ geborn.
Stern, vom Himmel leuchtet dein Schein!
Hell dringt dein Glanz
nun zu uns herein.

Text und Melodie: Gerlinde Steigerwald. Bearbeitung der 3. Strophe: Rolf Krenzer

Mitten im Dunkel

Singspiel

Je nach Anzahl und Alter der Kinder können die verschiedenen Sprech- und Spielrollen kombiniert oder (um-)verteilt werden. – Einige Kinder sitzen, krabbeln und unterhalten sich in dem zum Publikum hin geöffneten Halbkreis wie beim freien Spiel. Andere ahmen im Hintergrund die vielfältigen Tagesgeräusche nach: Straßenverkehr, Bürolärm usw. Evtl. dazu passende Pantomime hinter der Schattenspielleinwand. – Mit entsprechend ausgerichteter Beleuchtung wird im Hintergrund die Sonne abgebildet: Langsam einen Bogen beschreibend versinkt sie nach und nach. Während auf Instrumenten die Melodie des Liedes (s.u.) und/oder einfache Begleitbausteine (Orgelpunkt oder Bordunquinte auf „d") erklingen, setzen sich die Kinder der freien Spielgruppe an den Rand des Halbkreises, wo einige Größere (auch Erzieher/innen, Eltern usw.) warten. – Nun singen die Kleineren die Frage der ersten Strophe des folgenden Liedes, und die Größeren die Antwort. Dabei versinkt die „Sonne" endgültig, und auch die weitere Beleuchtung im Saal nimmt merklich ab. Die Hintergrundgeräusche verstummen nach und nach. Mit Einsatz der zweiten Strophe (wieder im Wechselgesang von Frage und Antwort) hört man nur noch das (evtl. mit Instrumenten begleitete) Lied:

2. Warum, ach sag, warum
wird unsre Stadt so still?
Schlaf ein, mein Kind, und träume sacht,
das kommt wohl von der dunklen Nacht,
weil sie dann schlafen will.

3. Warum, ach sag, warum brennt die Laterne so?
Schlaf ein, mein Kind, und träume sacht,
das kommt wohl von der dunklen Nacht,
da brennt sie lichterloh!

Während die Liedbegleitung nach der 3. Strophe leise ausklingt, stehen die Sprecher am Rand des Halbkreises auf (bzw. treten von den Seiten her in die Mitte).

A: Wenn es dunkel wird, machen die Menschen überall Lichter an. *(Nach und nach gehen einzelne Lichter an.)*

B: Auf der Straße! (*Evtl. bei der Erarbeitung mit den Kindern Ergänzungen finden: „Damit die Autofahrer besser sehen können. Damit niemand überfahren wird." usw.*)

C: In den Häusern! (*Weil sonst keiner das Abendbrot findet. Weil man nicht mehr sehen kann, ob jemand weint oder lacht!" usw.*)

D: Und vor allem, damit niemand Angst hat.

E: *(fragt die anderen Kinder)* Haben die Großen denn auch Angst im Dunkeln? *(Achselzucken bei den Befragten).*

E: *(geht auf die Erwachsenen zu und fragt)* Habt ihr auch Angst im Dunkeln? *(Darauf wahrscheinlich spontane Antworten.)*

F: *(etwas größeres Kind aus dem Zuschauerraum)*
Die Großen haben sogar eine ganz furchtbar dumme Angst: Viele haben Angst zuzugeben, daß sie Angst haben.

A: Dabei ist es gar nicht schlimm, Angst zu haben.

B: Dann kommt jemand, der dich lieb hat und setzt sich zu dir! *(F geht aus dem Zuschauerbereich auf die anderen Sprecher zu.)*

C: Und nimmt dich in den Arm! *(F und C drücken sich kräftig.)*

D: Und macht eine Lampe an. *(Beleuchter!)*

E: Und liest dir eine Geschichte vor. *(Hinter der Leinwand sieht man vor der gerade eingeschalteten Lichtquelle jemanden ein Buch aufschlagen.)*

F: Deine Lieblingsgeschichte!

A: Oder er hört dir einfach zu.

B: Dann kann Angst-Haben richtig schön sein.

C: Vor allem im Winter, wenn es ganz früh dunkel wird.

D: Dann zünden wir Kerzen an und freuen uns schon auf Weihnachten. *(D zündet die erste Kerze an.)*

E: Weihnachten ist, wenn es im Winter am dunkelsten ist.

F: Dann freut man sich am meisten darauf, daß es irgendwann wieder ganz hell wird.

A: Weil das Licht alle andern ansteckt. *(Drei Kinder der freien Spielgruppe stehen auf und stecken drei weitere Kerzen an der ersten an.)*

B: Es ist schön, wenn man jemand zum Schmusen und Kuscheln hat.

Wechselgesang wie oben, jetzt mit Strophe 4; dazu gehen einige Hand in Hand durch den Halbkreis und bleiben zur Antwort stehen, schauen sich an. Das ganze auch hinter der Leinwand.

4. Warum, ach sag, warum
gehn manche Hand in Hand?
Schlaf ein, mein Kind, und träume sacht,
das kommt wohl von der dunklen Nacht,
da geht man Hand in Hand.

C: Im Dunkeln mußt du jemand haben, den du lieb hast.
D: Auf den du warten kannst, wenn du allein bist.
E: Wenn du ganz sicher bist, daß er kommt, macht das Warten Spaß.

Kurze Sprechpause

F: Aber manchmal hab ich doch Angst und denke, daß mich niemand mag.

Die Paare trennen sich und gehen in entgegengesetzter Richtung davon. Es folgt Wechselgesang wie oben, jetzt mit Strophe 5:

5. Warum, ach sag, warum
ist unser Herz so klein?
Schlaf ein, mein Kind, und träume sacht,
das kommt wohl von der dunklen Nacht,
da sind wir ganz allein.

A: (*zu F*) Wenn ich etwas kaputt gemacht habe, hab' ich auch Angst. Nämlich, daß alle auf mich böse sind.
B: Wenn ich etwas Wichtiges vergessen habe. (*Auch hier evtl. mit den Kindern Ergänzungen finden.*)
C: Oder alle geärgert habe.
D: Im Dunkeln ist die Angst immer am schlimmsten!
E: Im Dunkeln sollte man niemand allein lassen.

Kurze Sprechpause

Alle: Wenn es im Winter am dunkelsten ist, feiern wir Weihnachten.
F.: Mit allen, die wir lieb haben. *(Die Paare [s.o.] finden wieder zusammen und bilden nach und nach untereinander eine große Gruppe.)*
A: Und mit vielen Lichtern. *(Evtl. werden weitere Kerzen angezündet und/oder ein Weihnachtsbaum beleuchtet; bei der Ausgabe weiterer Kerzen werden die Zuschauer miteinbezogen.)*
B: Weihnachten freuen wir uns, daß Gott niemanden im Dunkeln allein läßt.

Möglicher gemeinsamer Schluß: Die Gruppe der ehemaligen Paare vereinigt nach und nach alle Spieler, Sprecher und Zuschauer zu einer gemeinsamen Gruppe, Kette, zum Kreis o. ä.; gemeinsam wird ein weihnachtlicher Kerzentanz (s. S. 184 oder 189) ausgeführt, vielleicht eine Prozession „mit dem Licht hinaus in das Dunkel".

Zusatzmaterialien:

1. Begleitbausteine zum Lied

Hintergrundgesang oder Xylophone © Melodie: Siegfried Macht

Aus Spanien. Deutscher Text: Siegfried Macht
2. Tanzlied zum Auszug aus: Daß Frieden werde, Don Bosco Verlag, München

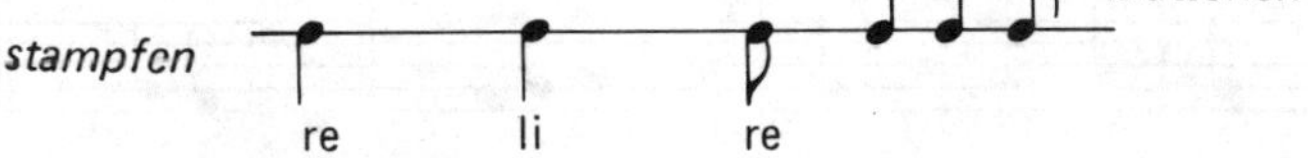

Siegfried Macht

Wir gehn mit den Hirten nach Betlehem

Spiellied

Die Freude der Kinder am Verkleiden sollte in diesem Spiel Platz finden. Der Phantasie ist keine Grenze gesetzt (Hut, Wanderstab, Rucksack, Mitbringsel).
Die musikalische Begleitung kann unterschiedlich sein nach den jeweiligen Möglichkeiten. Das Orff-Schlagwerk bietet viele Möglichkeiten ohne große Vorbereitung. Ein „Solist" ist willkommen (für die dritte Zeile der Liedstrophen).
Das Lied sollte als „Bewegungs-Spiel" gebracht werden. Es führt auf die Weihnachtskrippe zu. Das Grundschema ist, daß sich zwei Gruppen aus unterschiedlicher Richtung treffen und in einen gesanglichen Dialog kommen.
Nach der 3. Strophe des Liedes können geeignete Teile der Weihnachtsgeschichte eingefügt werden. Nach der 4. Strophe können der Stern und die drei Weisen aus dem Morgenland ins Spiel gebracht werden. Die 6. Strophe kann von der ganzen Gemeinde aufgegriffen werden.

2. Wir haben den Engel des Herrn gehört.
Was hat er gesagt?
Ihr findet den Heiland in einem Stall.
Halleluja! Halleluja!

3. Wir sahen die Weisen vom Morgenland.
Wer führte sie her?
Ein Stern führte sie durch die dunkle Nacht.
Halleluja! Halleluja!

4. Ihr Leute kommt mit uns nach Betlehem.
Was sollen wir da?
Ihr findet das Kind dort auf Heu und Stroh.
Halleluja! Halleluja!

5. Ihr Leute geht mit zu dem Heiland der Welt.
Was bringen wir ihm?
Bringt ihm eure Herzen und eure Not.
Halleluja! Halleluja!

6. Gelobt sei der Höchste, weil er uns liebt.
Gelobt sei der Herr.
Und Friede und Freude ziehn bei uns ein!
Halleluja! Halleluja!

Sagt, wo ist das Kind geboren?

Spiellied

1. Gruppe: Sagt, wo ist das Kind geboren?
2. Gruppe: In dem Stall! In dem Stall!
Alle: In dem Stall ist es geboren.
Sagt es weiter überall!

1. Gruppe: Sagt, wo hat das Kind gelegen?
2. Gruppe: In dem Stroh! In dem Stroh!
Alle: In dem Stroh hat es gelegen,
und das Kind macht alle froh.

1. Gruppe: Sagt, wer hat das Kind gefunden?
2. Gruppe: Arme Leut! Reiche Leut!
Alle: Viele haben es gefunden,
und sie haben sich gefreut.

1. Gruppe: Was wird mit dem Kind geschehen,
2. Gruppe: arm und klein, ganz allein?
Alle: Was auch immer wird geschehen,
Gott wird immer bei ihm sein!

Das Kind im Stall

Spiellied

1. Gruppe: Ist denn die Krippe in dem Stall nicht für das Kind zu hart?
2. Gruppe: Windeln und Decken hüll'n es ein. Die sind ganz weich und zart.

1. Gruppe: Wenn dieses Kind dann in dem Stall am Ende Hunger hat?
2. Gruppe: Schau, seine Mutter gibt ihm Milch. Da wird das Kind gleich satt.

1. Gruppe: Wird das Kind dort in dem Stall nicht sehr alleine sein?
2. Gruppe: Menschen und Tiere sind bei ihm. Gott läßt es nicht allein.

Text: Rolf Krenzer, Melodie: Frank Stieper, aus MC „Dann fängt Weihnachten an“, Musikbär-Verlag Paul G. Walter, Eichenweg 15 a, 6905 Schriesheim

Habt ihr schon davon gehört

Spiellied

Zu dem folgenden Spiellied ziehen die „Hirten“ in einer langen Reihe herum und laden alle ein, mit zum Stall zu kommen. So werden es immer mehr, die mit ihnen gehen.

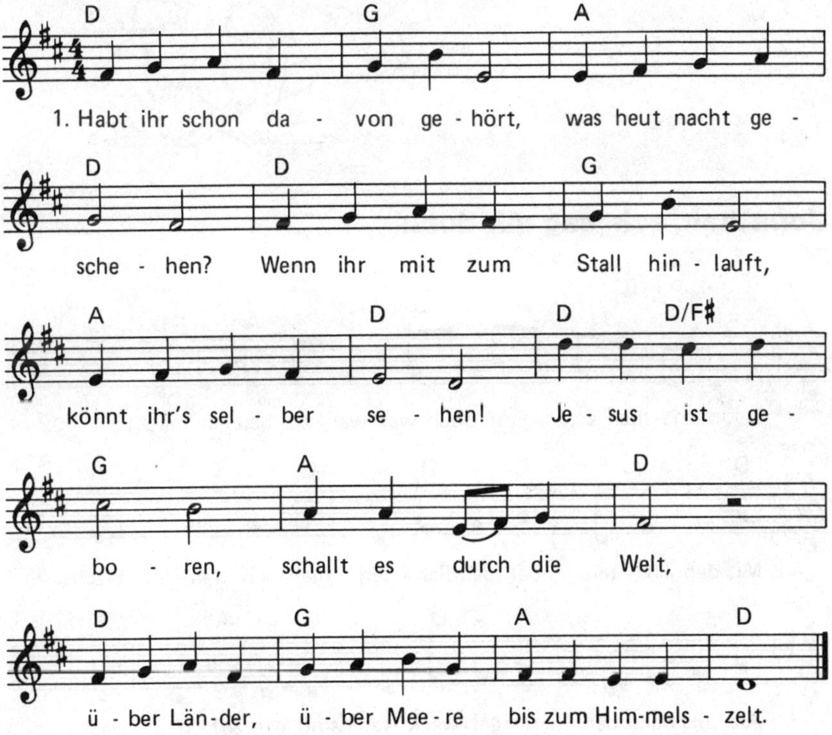

2. Engel haben in der Nacht
Gottes Sohn verkündet.
Und so macht sich jeder auf,
daß er ihn auch findet.
Jesus ist geboren,
schallt es durch die Welt,
über Länder, über Meere
bis zum Himmelszelt.

3. In der Krippe liegt das Kind,
ist so arm auf Erden
und wird König aller Welt
und des Himmels werden.
Jesus ist geboren,
schallt es durch die Welt,
über Länder, über Meere
bis zum Himmelszelt.

4. Haltet uns nicht länger auf,
bleibt nicht länger stehen.
Macht euch mit uns auf den Weg,
um zum Stall zu gehen.
Jesus ist geboren,
schallt es durch die Welt,
über Länder, über Meere
bis zum Himmelszelt.

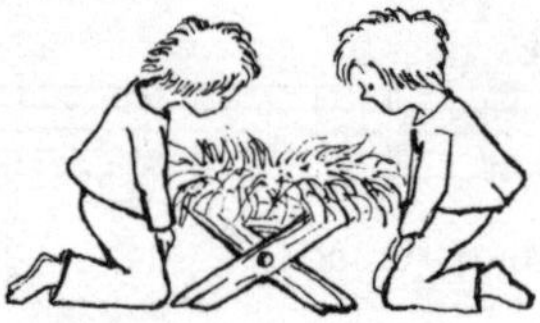

Jonathan, ach, sag mir doch

Refrain I

2. Haben uns dann auf den Weg
zum Stall gleich aufgemacht.
Klopften an das Stalltor an
ganz höflich mit Bedacht!

Refrain II

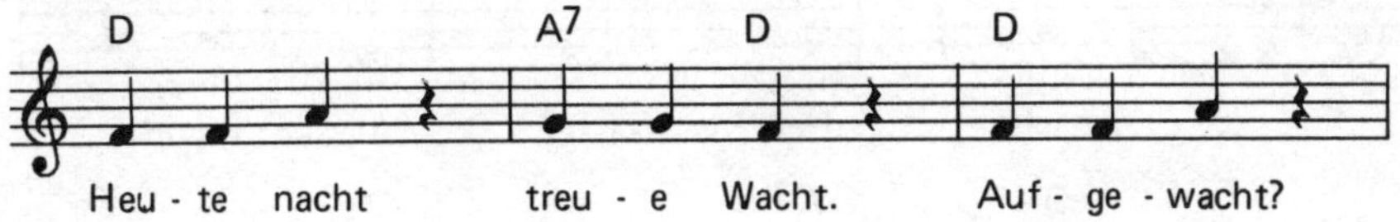

3. Haben Sorgen, Angst und Freude
alles mitgebracht.
Und das Kind hat uns von Herzen
fröhlich angelacht.

4. Gottes Sohn hat uns auf einmal
alle froh gemacht.
Und so haben wir zu dir uns
auf den Weg gemacht.

Text: Rolf Krenzer, Melodie: Paul G. Walter

Eine kleine Hirtengeschichte

Spielszene mit Zeichnungen von Friderun Krautwurm

Zwei möglichst verdeckt sitzende Erwachsene sprechen die Texte. Es ist wichtig, daß nicht gleichzeitig gesprochen und gespielt wird. Die Textabschnitte sind kurz und erfordern nur so wenige Bewegungen, daß die Pausen zwischen den Sätzen genügen, um sie auszuführen.

1. Sprecher: Wer kommt dort? *(Mindestens 3 – besser mehr! – Spieler kommen)*

2. Sprecher: Hirten. Aus Betlehem. *(Ein „kleiner Hirte" kommt hinterhergelaufen)*

1. Sprecher: Und wer ist das?

2. Sprecher: Ein Hirtenjunge. Ein kleiner. Der stellt immer Fragen: *(Hirtenjunge schaut rund um sich)*
Wo kommt dies her? *(Hirtenjunge zeigt nach links)*
Wo geht das hin? *(Zeigt nach rechts)*

1. Sprecher: Und jetzt fragt er gerade:
Und wo ist Gott? *(Hirtenjunge wendet sich dem „großen" Hirten Taddäus zu)*

2. Sprecher: Da oben! sagt der Hirte Taddäus. *(1. Hirte zeigt nach oben)*

1. Sprecher: Im Himmel! zeigt der Hirte Mattäus. *(2. Hirte zeigt nach oben)*

2. Sprecher: Und alle sagen: Weit weg! Weit weg! *(Alle Hirten zeigen nach oben)*

1. Sprecher: So reden die Hirten. Dabei ist Gott nahe. Sie wissen's nur nicht. *(Maria und Josef mit Reisebündel gehen langsam an den Hirten vorbei)*

Der Mann dort heißt Josef. Die Frau heißt Maria. Sie sind auf dem Wege nach Betlehem. *(Maria und Josef verschwinden wieder)*

2. Sprecher: Nur der alte Hirte, der Bartimäus, der sagt: Einmal wird einer kommen, der Heiland. Der Christus. In dem wird Gott selbst bei uns sein. *(Alle Hirten hören Bartimäus zu)*

1\. Sprecher: Die Hirten sind müde. Sie setzen sich hin. *(Alle Hirten setzen sich)* Der Hirte Taddäus erzählt noch mehr: Die ganze Erde ist nur wie ein Schemel für Gottes Füße! *(Weiter Bogen mit beiden Armen, kleinen Schemel mit den Händen darstellen)*

2\. Sprecher: Und alle zeigen: So groß ist Gott! *(Alle beschreiben einen großen Kreis mit den Armen)*

1\. Sprecher: So reden die Hirten. *(Rechts hinter den Hirten ist der „Stall", aus Pappe, Holz oder aneinandergeklebten Styroporplatten. Mit einem kleinen Fenster, das mit gelbem Transparentpapier hinterklebt ist.)*

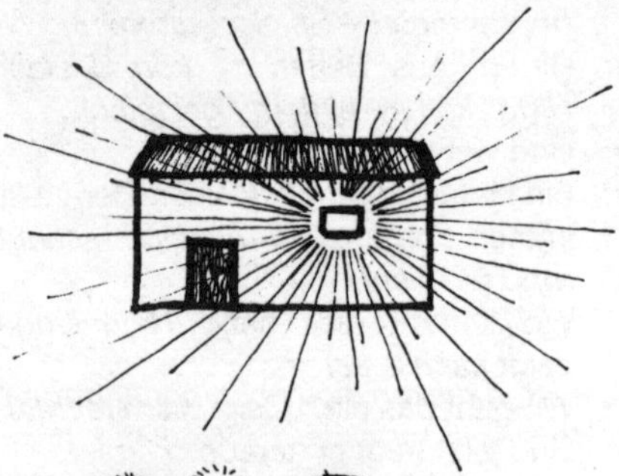

Dabei ist Gott gerade ganz klein geworden. Sie wissen's nur nicht. *(Hinterm Stallfenster Licht – Taschenlampe? – aufleuchten lassen. – Notfalls den Stall weglassen. Nur nach hinten zeigen.)*

Im Stall dort hinten ist etwas geschehen. Da hat Maria ein Kind geboren. Das Kind heißt Jesus.

2\. Sprecher: Die Hirten sind müde. Sie schlafen. *(Darstellen)*

Im Einschlafen noch fragt der Kleine: Was weiß Gott von uns? *(Wendet sich Mattäus zu)*

1\. Sprecher: Und wieder redet der Hirte Mattäus: Ach, nichts! Gott ist ja zu groß und zu fern. Mit ihm können nur die Priester reden. Wir nicht. Wir sind viel zu klein. *(Abwehrende Handbewegung)*

2\. Sprecher: So reden die Hirten. Dabei will Gott gerade mit ihnen reden! – Nun, sie werden's bald merken. Jetzt schlafen sie erst mal. *(Auch die beiden „schlafen")*

Nur die Wächter wachen. *(Zwei Hirten richten sich auf, schauen wachsam ringsum)*

1\. Sprecher: Auf einmal sagt einer: Was ist das für ein heller Schein? *(Zeigt nach links)*

2. Sprecher: Noch vor Mitternacht!

1. Sprecher: Auch die andern Hirten wachen jetzt auf. *(Hirten richten sich auf. Recken sich. Gähnen. Schauen verwundert umher.)*

2. Sprecher: Und der Engel des Herrn tritt zu ihnen. *(„Engel" – in weißem Bettlakengewand kommt. Mit möglichst vielarmigem Leuchter voll brennender Kerzen)*

1. Sprecher: Und sie fürchten sich sehr. *(Alle Hirten halten sich die Hände vor die Augen)*

2. Sprecher: Der Engel aber spricht: Fürchtet euch nicht! *(Die ersten Hirten lassen die Hände sinken. Schauen auf)*
Siehe, ich verkündige euch große Freude. *(Auch die andern Hirten schauen auf)* Euch ist heute der Heiland geboren. Der Christus. In dem kommt Gott selbst auf die Erde *(Die Hirten recken sich noch höher, reden flüsternd miteinander)* Und das habt zum Zeichen: Ihr werdet finden das Kind in Windeln gewickelt und in einer Krippe liegen.

1. Sprecher: Und auf einmal sind bei dem einen noch Scharen von andern Engeln. *(So viel weißgekleidete Engel wie möglich kommen mit brennenden Kerzen. Sie singen.)*

Engel und Sprecher: Ehre sei Gott in der Höhe (Kanon) *(oder „Lob, Ehr sei Gott im höchsten Thron" oder Vers 15 „Vom Himmel hoch ...")*

2. Sprecher: Die Engel verschwinden – so schnell, wie sie kamen.

1. Sprecher: Die Hirten zünden Laternen an und gehen nach Betlehem.
(Die Hirten zünden einfache selbstgebastelte Laternen an und gehen in großem Bogen vorn oder um den Zuschauerraum herum – bis zum „Stall")

Alle Zuhörer singen: Kommet ihr Hirten, ihr Männer und Frau'n …

2. Sprecher: Sie finden den Stall. Sie machen die Tür auf. *(„Stall" wegnehmen – Maria, Josef und Krippe werden sichtbar)*

1. Sprecher: Sie spüren: Oh ja, es ist wahr! Gott ist nicht mehr fern. Er ist in dem Kind hier. Ganz nahe bei uns. Noch kleiner als wir. *(Die Hirten knien nieder)* Sie ahnen: Von jetzt ab darf auch der Kleinste wissen: *(Der kleine Hirtenjunge steht auf)*

2. Sprecher: Ich kann mit Gott reden. *(Kniet nieder und schaut in die Krippe hinein)* Weil er mich versteht. Er war ja selber mal klein.

Friderun Krautwurm

Auf der Suche nach dem schwarzen Schaf

Spielszene

1. Hirte *(trifft einen anderen Hirten):*
Sag, was machst du hier mitten in der Nacht?

2. Hirte *(auf einen Stern deutend):*
Ich folge dem Stern,
ich folge ihm gern,
er führt mich über Stein und Steg,
auch zeigt er mir den rechten Weg.
Und du, was machst du?

1. Hirte: Ach, mein schwarzes Schaf! –
Ich such es schon die halbe Nacht,
es war recht bös und gab nicht acht
auf das, was man ihm beigebracht
und hat sich heimlich aufgemacht.

2. Hirte: So komm mit mir.

1. und 2. Hirte: Wir folgen dem Stern,
wir folgen ihm gern,
er führt uns über Stein und Steg,
auch zeigt er uns den rechten Weg.

Sie begegnen einem dritten Hirten.

3. Hirte: Sagt, was macht ihr hier mitten in der Nacht?

1. und 2. Hirte: Ach, das schwarze Schaf! –
Wir suchen es schon die halbe Nacht,
es war recht bös und gab nicht acht
auf das, was man ihm beigebracht
und hat sich heimlich aufgemacht.
Und du, was machst du?

3. Hirte *(auf den Stern deutend):*
Ich folge dem Stern,
ich folge ihm gern,
er führt mich über Stein und Steg,
auch zeigt er mit den rechten Weg.

1. und 2. Hirte: So komm mit uns.

Alle drei: Wir folgen dem Stern,
wir folgen ihm gern,
er führt uns über Stein und Steg,
auch zeigt er uns den rechten Weg.

Sie sehen einen Stall.

2. Hirte: Seht nur dort drüben diesen kleinen Stall,
der Stern, er leuchtet da wie überall.
Aber scheint er dort nicht heller?
Kommt, ach, kommt doch etwas schneller!

1. Hirte: So laßt uns gehen!
Was in dem Stall ist,
werden wir gleich sehen.

3. Hirte: Der Stern, er leuchtet hell und heller,
kommt, ach, kommt doch etwas schneller!

Erster Hirte tritt in den Stall, die beiden anderen folgen. Im Stall: Maria und Josef, das Jesuskind in der Krippe, das schwarze Schaf hinter einem Strohballen.

Josef: Sagt, was macht ihr hier mitten in der Nacht?

Die Hirten: Ach, das schwarze Schaf! –
Wir suchen es schon die halbe Nacht,
es war recht bös und gab nicht acht
auf das, was man ihm beigebracht
und hat sich heimlich aufgemacht.

Maria *(zeigt auf das Schaf):*
Dort seht, wer dort steht!

Maria und Josef: Das schwarze Schaf –
Es folgte dem Stern,
es folgte ihm gern,
er führte es über Stein und Steg,
auch zeigte er ihm den rechten Weg.

Die Hirten:	Auch wir folgten dem Stern, auch wir folgten ihm gern.
1. Hirte:	Gefunden habe ich mein schwarzes Schaf.
2. Hirte:	Ja, gefunden hat er sein geliebtes Schaf.
3. Hirte:	Doch schaut, dort in der Krippe liegt ein Kind in süßem Schlaf gewiegt.

Alle drei zur Krippe.

2. Hirte:	Das Kind hier so zart und rein, das kann nur das Jesuskind sein.
1. Hirte:	Gefunden haben wir das schwarze Schaf, gefunden auch das Jesuskind im Schlaf.

Hirten *(kniend vor der Krippe):*

Der Stern führte uns über Stein und Steg,
der Stern zeigte uns den rechten Weg.
Diesem Kind hier zart und rein
wollen wir immer dankbar sein.

Elke Kolodzey

Da freu'n sich alle Menschen sehr

Tanzspiel

Das folgende Lied ist nach der bekannten Melodie „Dornröschen war ein schönes Kind ..." zu singen. Als Requisiten benötigen die Kinder eine Puppe und verschiedenfarbige bunte Tücher, die beim Reigen fröhliche Farbtupfer darstellen und schließlich als Geschenke für das Christkind Verwendung finden.

Text	*Aktionen*
1. Das Christkind ist ein liebes Kind, liebes Kind, liebes Kind. Das Christkind ist ein liebes Kind, liebes Kind.	*Ein Kind hebt eine Puppe hoch. Die anderen Kinder umkreisen es im Ringelreihen.*
2. Maria hält es warm im Arm, warm im Arm, warm im Arm. Maria hält es warm im Arm, warm im Arm.	*Das Kind wiegt die Puppe im Arm. Die anderen Kinder gehen weiter im Reigen.*
3. Herr Josef hat das Christkind lieb ...	*Ein Junge oder Mädchen streichelt das Christkind.*
4. Die Hirten wachen auf dem Feld ...	*Alle Kinder setzen sich auf den Boden.*

5. Am Himmel strahlt ein heller Stern ... — *Sie zeigen zum Himmel.*

6. Der Engel singt: „Kommt alle mit!" ... — *Ein Kind erhebt sich und singt als Engel.*

7. Die Hirten eilen hin zum Stall ... — *Die Kinder gehen hintereinander.*

8. Die Hirten knien vor'm Jesuskind ... — *Sie knien sich hin.*

9. Sie legen ihm Geschenke hin ... — *Sie legen ihre bunten Tücher vor die Krippe.*

10. Das Christkind lächelt und ist froh ... — *Ein Kind hebt die Puppe hoch.*

11. Da freu'n sich alle Menschen sehr ... — *Alle Kinder klatschen und gehen im Kreis.*

Bei Bedarf können weitere Strophen ergänzt werden, so z.B.: Da kommen die drei Könige .../ Der erste bringt dem Christkind Gold .../ Der zweite legt ihm Weihrauch hin .../ Der dritte gibt ihm Myrrhe noch ...

Alfons Schweiggert

Wir können nicht bleiben

Spielszene

Sprecher: Und die Hirten kehrten wieder um,
priesen und lobten Gott für alles,
was sie gehört und gesehen hatten,
wie denn zu ihnen gesagt war. (Lukas 2,20)

Die Hirten im Stall zu Bethlehem setzen sich in die Nähe der Krippe und packen ihr Vesper aus.

1. Hirte: Hier gehe ich nicht mehr weg.
2. Hirte: Das Kind braucht seine Ruhe.
3. Hirte: Und seine Mutter auch.
1. Hirte: Dann legen wir uns eben zu den Tieren ins Stroh.
3. Hirte: Der Ochse und der Esel brauchen auch ihre Ruhe.
1. Hirte: Die haben ein dickes Fell.
2. Hirte: Wir müssen zurück.
3. Hirte: Unsere Schafe sind allein.
1. Hirte: Mit den Hunden.
2. Hirte: Es kann trotzdem etwas passieren.
1. Hirte: Die Schafe werden von den Engeln bewacht.
3. Hirte: Die Engel hätte ich beinahe vergessen.
1. Hirte: Dann können wir also noch ein bißchen hierbleiben.

Chor und Gemeinde singen gemeinsam:

2. Hirte: Ich höre die Engel singen.
1. Hirte: Ich auch.
3. Hirte: Meint ihr, ich sei schwerhörig?
1. Hirte: Also: Wir bleiben und bauen uns im Stroh unser Nest.
Sprecher: Auch der Vogel findet ein Haus
und die Schwalbe ein Nest,
in dem sie ihre Jungen großzieht,
in deinem Haus, mein Gott. (Psalm 84,4)
2. Hirte: Hier kann man seine ganzen Sorgen vergessen.
1. Hirte: Es ist bloß so dunkel hier.
2. Hirte: Deshalb brauchst du mich nicht in die Rippen zu stoßen.
1. Hirte: Ich stoße dich ja gar nicht.
3. Hirte: Ich auch nicht.
2. Hirte: Schon wieder.
3. Hirte: Das ist ja der Ochse!
2. Hirte: Was der wohl von mir will?
1. Hirte: Der will uns bestimmt raushaben hier.
2. Hirte: Ich bleibe. Da draußen ist es mir zu kalt.
1. u. 3. Hirte: Ja! Wir bleiben.

Hund bellt vor dem Stall.

2. Hirte: Hast du das gehört?

1. Hirte: Das ist unser Nero. Ich kenne seine Stimme.
3. Hirte: Ich auch.
2. Hirte: Der will uns bestimmt holen.
1. Hirte: Hoffentlich ist mit den Schafen nichts passiert.
3. Hirte: Wir sollten gehen.

Hirten packen hastig ihre Sachen (Rucksack usw.)

2. Hirte: Schade. Ich wäre so gern geblieben.

Chor und Hirten singen gemeinsam:

2. Wir können nicht bleiben, wir kehren um.
   Sie werden uns fragen. Wir bleiben nicht stumm.
   Und wenn wir uns selber auch nicht verstehn,
   wir haben das Zeichen des Himmels gesehn.

3. Wir können nicht bleiben, wir kehren um
   und singen das Loblied, dir, Jesus, zum Ruhm.
   Wenn wir dieses Wunder auch nicht verstehn,
   wir haben das Zeichen des Himmels gesehn.

Der Engel bei den Tieren

Märchenhaftes

Weihnachtswünsche

Spielszene

Die Kinder stehen in Doppelreihe; ein Kind geht durch die „Straße".

Alle: Sie geht durch eine Straße,
die viel Geschäfte hat,
und drückt sich an den Fensterscheiben
ihre Nase platt.
1. Kind: Ach, hätte ich, ach, hätte ich
ein Portemonnaie voll Geld,
dann kaufte ich für Weihnachten,
was mir so gut gefällt.
Alle: *(gesprochen)* Was kaufst du dir denn?
1. Kind: Eine Puppe!
Alle: Schau hier! Schau hier!
Gefalle ich dir?

1. Kind wendet sich an ein Kind aus den Reihen

1. Kind: Warum denn?
2. Kind: Ich habe ein schönes Kleid an. *(Geste)*
Alle: Wir auch! *(gleiche Geste)*
1. Kind: Dich nehme ich mit, auf sieben Schritt.

Das ausgewählte Kind muß in sieben Schritten bis ans Ende der Reihe kommen: 1 – 2 – 3 – 4 – 5 – 6 – 7.

Dann beginnt das Spiel von vorn. In weiterer Folge:

Auto: Ich kann schnell fahren.
Eisenbahn: Ich kann viele Wagen ziehen.
Bär: Ich kann brummen.
Hampelmann: Ich kann hampeln.

Die ausgewählten Kinder stellen sich hintereinander an dem einen Ende der „Straße" auf.

1. Kind: *(zu den Spielzeug-Kindern)*
Euch wünsch ich mir zu Weihnachten,
dann brauche ich kein Geld.
Vielleicht steht unterm Tannenbaum,
was mir so gut gefällt.

Die Spielzeug-Kinder geben sich die Hand zur Kette. Das 1. Kind führt die Kette an und zieht sie durch die „Straße" hin und zurück, wendet die Kette am alten Platz und schickt die Spielzeug-Kinder rasch in die Doppelreihe zurück.

1. Kind: Husch, husch, husch, ins Fenster!

Ortfried Pörsel

Ehre sei Gott im Himmel

Mancher in der Gemeinde wird an der traditionellen Übersetzung Martin Luthers hängen. Verständlicher zumindest für Kinder ist aber die folgende Fassung:

2. Ehre sei Gott im Himmel!
Friede auf Erden den Menschen!
Denn Gott hat sie lieb.

Warum muht die Kuh in der Nacht?

Erzählpantomime und Spielszene

Das nachfolgende Spiel kann in zwei Formen aufgeführt werden: als Erzählpantomime für jüngere Kinder und als Rollenspiel für ältere.
Zum Spielen werden ca. 15 bis 20 Kinder benötigt. Bei der Erzählpantomime brauchen wir außerdem einen erwachsenen Mitspieler als Erzähler. Er erzählt eine Geschichte, die von den Kindern mit pantomimischem Spiel begleitet wird. Die Kinder sprechen hier keine Texte, sie ahmen lediglich Tierlaute nach.
Zwei Kinder stellen Maria und Josef dar. Alle anderen Kinder spielen Tiere. Die Zahl der Mitspieler läßt sich durch Gruppenbildungen unter den Tieren variieren. Die Kostümierung ist sparsam. Bei den Tieren beschränkt sie sich auf das Hervorheben typischer Merkmale der jeweiligen Tiere. An Kulissen sind ein Tor oder eine Tür, sowie eine Krippe notwendig.
Bei Spielbeginn liegen alle Tiere (außer der Kuh) schlafend auf der Spielfläche. Maria, Josef und die Kuh befinden sich – für die Zuschauer unsichtbar – hinter dem Tor bzw. der Tür.

Erzählpantomime

Ich erzähle euch eine Geschichte, die vor vielen, vielen Jahren in einem fernen Dorf geschehen ist. Es war mitten in der Nacht. Draußen war es finster und kalt. Die Menschen schliefen in ihren Häusern. Alle Tiere schliefen auch.
Doch still! War da nicht ein leises Geräusch? Klang das nicht nach dem Muhen einer Kuh? Ja, jetzt konnte man es deutlich hören. Irgendwo muhte eine Kuh. Immer lauter wurde das Muhen.
Das hörte eine kleine Maus. Sie rieb sich die Augen. Hatte sie geträumt? Nein, da war es wieder, das Muhen. Was sollte das bedeuten? Flink kroch sie aus ihrem Mauseloch und huschte hinüber zum Herd.
Dort lag der fette Kater. Den zwickte die kleine Maus in den Schwanz und piepste: „Hallo, Kater, hörst du das Muhen? Die Kuh ruft! Ich habe Angst! Was sollen wir tun?" Der Kater reckte und streckte sich. Wer wagt es, mich in meiner Nachtruhe zu stören, dachte er und blinzelte ärgerlich in die Dunkelheit. Doch da hörte auch er das Muhen in der Ferne. Eine Kuh, die mitten in der Nacht muht? Komisch, dachte er, das muß ich dem Hund sagen.
Geschwind schlüpfte er aus der Katzentür auf den Hof und sprang zur Hundehütte. „He, Hund, wach' auf", miaute der Kater. „Hörst du die Kuh muhen?" „Was, die Kuh muht?" knurrte der Hund. „Laß' sie muhen!" Doch der Kater gab keine Ruhe. Er miaute und miaute so lange, bis auch der Hund seine Ohren spitzte. Und tatsächlich, da war es wieder zu hören, das Muhen. Eine Kuh, die in der Nacht muht, gibt es nicht oft, dachte der Hund. Das muß ich dem Hahn erzählen.
Gedacht, getan! Mit einem riesigen Satz sprang er zum Misthaufen auf der anderen Hofseite und kläffte hinauf: „Hahn, du Schreihals, wach auf! Jetzt kannst du krähen! Sag' allen Tieren, daß die Kuh muht!" Zuerst erschrak der

Hahn über das Bellen. Aufgeregt schlug er mit seinen Flügeln um sich und hüpfte auf dem Misthaufen hin und her. Doch dann schrie er sein Kikeriki heraus. Er schrie so laut, daß alle anderen Tiere des Dorfes davon wach wurden. Vom Teich kamen die Enten geflogen. Das Pferd schnaubte aus seinem Stall heran. Die Schweine wackelten mit lautem Quieken über den Hof. Die Hühner gackerten im Hühnerhaus. Die Schafe und Ziegen eilten meckernd und blökend herbei. Und die Spatzen setzten sich mit aufgeregtem Gezwitscher auf den Zaun.
„Hör' auf zu krähen", riefen sie alle zum Hahn hinauf. „Sag' uns lieber, was los ist!" Aber der Hahn konnte sich gar nicht beruhigen. Immer wieder krähte er: „Die Kuh muht! Die Kuh muht!"
„Dann laß uns nachsehen, warum die Kuh so laut ruft", piepste die Maus und huschte schon voran zum Kuhstall. Die anderen Tiere watschelten, torkelten, stolzierten, sprangen und trabten hinterher.
Die Tür zum Kuhstall war nur angelehnt. Das Pferd schob sie mit dem Kopf ein wenig weiter auf, so weit, daß alle Tiere hineinsehen konnten. Und da sahen sie die Bescherung. Neben der Kuh saßen eine Frau und ein Mann. Beide schauten auf ein kleines Kind, das in einer Futterkrippe lag.
„Da seid ihr ja endlich", muhte die Kuh. „Ich habe euch gerufen, weil ich euch etwas Wunderbares sagen muß. Christus ist geboren!" Da miauten, piepsten, bellten, schnatterten, wieherten, krähten, gackerten, meckerten, blökten, quakten und grunzten die Tiere so laut, daß auch alle Menschen im Dorf aufwachten und die freudige Nachricht erfuhren.

Spielszene

Kuh: *(muht leise aber deutlich vernehmbar, bleibt jedoch für die Zuschauer unsichtbar)*

Maus: *(erwacht langsam, blinzelt ein wenig verängstigt mit den Augen und spricht mehr für sich)* „Was ist das? Muht da nicht eine Kuh?" *(lauscht angestrengt in die Dunkelheit)* „Natürlich, da ruft eine Kuh! Es muß etwas passiert sein!" *huscht hinüber zum Herd, wo der Kater liegt)* „Hallo, Kater! Hörst du das Muhen?"

Kater: *(reckt und streckt sich und spricht ganz langgezogen)* „Wer wagt es, mich in meiner Nachtruhe zu stören?"

Maus: „Kater, die Kuh muht! Sie ruft! Ich habe Angst! Was sollen wir tun?"

Kater: *(sich immer noch streckend)* „Ach laß' mich!"

Kuh: *(muht wieder – jetzt aber schon etwas lauter)*

Kater: *(setzt sich abrupt auf und spitzt die Ohren)* „Da, die Kuh muht. Das muß ich dem Hund sagen!" *(springt hinüber zum Hund, die Maus hinterher)* „He, Hund, wach' auf! Hörst du die Kuh muhen?"

Hund: *(schlägt müde die Augen auf, läßt aber dabei den Kopf auf den Pfoten liegen)* „Was? Die Kuh muht?"

Kater: *(aufgeregt)* „Ja, die Kuh muht! Die Maus hat es zuerst gehört. Sie hat mich geweckt. Es muß etwas passiert sein, sagt die Maus."

Kuh: *(muht laut vernehmbar)*

Hund: *(springt auf)* „Wirklich, die Kuh muht. Das muß der Hahn wissen!" *(hechtet zum Misthaufen, Kater und Maus hinterher)* „Hahn, du Schreihals, wach auf! Jetzt darfst du krähen!"

Hahn: *(zuckt erschrocken zusammen und schlägt mit seinen Flügeln)*

Hund: „Sag' allen Tieren, daß die Kuh muht. Die Maus hat es zuerst gehört. Sie hat es dem Kater erzählt. Und der hat es mir gesagt."

Kuh: (muht laut)

Hund: „Hörst du, Hahn? Da ist es wieder, das Muhen!"

Hahn: *(schreit laut, springt dabei von einem Bein auf das andere und schlägt mit den Flügeln)* „Kikeriki, Kikeriki! Alle Tiere kommt her! Die Kuh muht! Die Maus, der Kater, der Hund und ich haben es gehört. Es muß etwas passiert sein. Die Kuh muht, die Kuh muht! Kommt alle her!"

Schweine, Enten, Schafe, Ziegen, Hühner, Spatzen und ein Pferd kommen verschlafen auf die Spielfläche. Sie gähnen, reiben sich die Augen, recken und strecken sich und rufen durcheinander:

„Hör' auf mit dem Krähen! Was ist los? Sei endlich ruhig! Laß' uns weiterschlafen!" *(das Rufen wird leiser und verstummt)*

Maus: *(piepsig)* „Die Kuh muht! Kommt, wir wollen im Stall nachsehen, warum die Kuh muht."

Alle Tiere bilden hinter der Maus eine Reihe und watscheln, torkeln, stolzieren, springen, traben und fliegen zum Kuhstall. Dort bauen sie sich auf. Das Pferd stößt mit dem Kopf die Tür so weit auf, daß man in den Stall sehen kann. Sie sehen dort Maria und Josef neben einer Futterkrippe sitzen. In der Krippe liegt das Christkind. Die Kuh steht daneben.

Kuh: „Da seid ihr ja endlich! Ich habe euch gerufen, weil ich euch etwas Wunderbares sagen muß. Christus ist geboren!"

Alle Tiere: *(durcheinander, aber so, daß die Sätze immer noch zu verstehen sind)* „Christus ist geboren! Habt ihr schon gehört? Christus ist geboren! Wacht auf, ihr Menschen! Christus ist geboren!"

Hartmut Kulick

Durch den Schnee kam er heran

2. Spuren führen in den Wald,
den Tieren ist es bitterkalt;
das Futtersuchen fällt jetzt schwer,
da kommt der Weihnachtsmann daher.

Refrain:

Verteilt das Futter hier und da,
an Reh und Hase, fern und nah,
an Tiere, groß und klein;
denn keines soll vergessen sein.

Text: Renate Wurziger, Melodie: Ulrich Kolkmann, Claudia Sander

Blumen grüßen das Jesuskind

Spielszene

Dieses kleine Spiel, mit Kleinkindern schon einmal in ähnlicher Form gespielt, läßt sich je nach Kinderzahl erweitern. Rhythmische Bewegungsformen mit leichter und leiser Musik lassen sich einbauen.
Kleinkinder haben eine enge Beziehung zu Blumen und spielen gern vielleicht eine Lieblingsblume. Wichtig ist dabei auch eine bescheidene „Verkleidung" mit einem typischen Merkmal der entsprechenden Blume.
Die einfach und schlicht gereimten Zweizeiler sind auch für kleine Kinder leicht nachzusprechen.

Erzähler: In der Heiligen Nacht, als das große Licht erschien und der Engel den Hirten die Geburt des Heilands verkündete, da machten sich Mensch und Tier auf und wanderten zur Krippe.
Die Wiesen und Felder, die Gärten und der Wald lagen verlassen in der Winterkälte. Am Himmel strahlte der Stern über dem Stall in Betlehem.
Tief unter der froststarren Erde schliefen die vielen Blumenkinder und warteten auf den Frühling und das Sonnenlicht.
Nur eine kleine, rötlich-weiße Rose hatte sich schon herausgewagt. Sie wollte schauen, warum es so still auf der Wiese sei. Als sie den hellen Sternenglanz sah, reckte sie ihre Stengelchen und weckte ihre Blumenschwestern.

Christrose: Ich lag im dunklen Erdenhaus,
der Sternenglanz lockt' mich heraus!

Veilchen: Du rufst so laut, was ist geschehn?
Vor lauter Glanz kann ich nichts sehn!

Margarite: Ei, liebes Veilchen, bist so klein!
Ich recke mich im Sternenschein.

Nacheinander stehen alle Blumen auf und sprechen.

Kornblume: So seht doch nur mein blaues Kleid!
Nie blühte es zur Winterzeit.

Mohn: Ich, Klatschmohn, stand im Ährenfeld.
Voll Frost und Sturm ist heut die Welt.

Gänseblume: Die erste war ich stets allein!
Es muß etwas Besondres sein.

Heckenrose: Schaut meine Hecke, Ros' an Ros'!
Ich frage euch: Was ist nur los?

Brennessel: Und meine Blätter brennen nicht!
Sanft leuchtet mir das große Licht.

Rittersporn: Ich, Rittersporn, ich habe Mut!
Komm mit, mein Bruder Eisenhut!

Tulpe:	Seid still, ich höre Engel singen! Aus jenem Stall dort kommt das Klingen.
Sonnenblume:	Ich hab's gesehn! Reckt euch geschwind! Schenkt euren Duft dem Jesuskind!
Glockenblume:	Ich läute hell! Kommt nur herbei, damit die Welt voll Freude sei.
Erzähler:	So blühte und duftete es rings um den Stall, in dem das Jesuskind geboren war. Der Duft erfüllte für ein paar Stunden den Raum und die ganze Welt, bis die Blumenkinder wieder heimkehrten in ihr Erdenhaus. Die Rose aber, die das Wunder zuerst gesehen hatte, heißt seither „Christrose".

Hildegard Kronenberg

Der Engel bei den Tieren

Spielszene

Mitspieler: Engel Gabriel (ein größeres Kind, da viel Text), 2 kleinere Engel (Statisten), die Eule, das Huhn, das Schwein, der Frosch, der Hase, der Löwe, die Schnecke, der Hund, der Ochse (ein größeres Kind, da etwas mehr Text), die Katze, der Esel.

Für die Bühne sind einfache Baumformen aus fester Pappe auszuschneiden und mit einem oder zwei hinten angeklebten festen „Beinen" aufzustellen. Hinter den im Halbkreis angeordneten Bäumen verstecken sich zunächst die Tiere.

Zur Verkleidung der Kinder als Tiere brauchen wir weder Fell noch Federn. Wichtig ist eine typische Kennzeichnung am Kopf, im Gesicht. Es genügt eine Maske, die mit Bändern am Kopf festgebunden wird, oder eine Tüte, die übergestülpt wird. Für die Tiere unseres Weihnachtsspiels bringen wir Vorschläge für einfach herzustellende Masken (s. S. 170).

Die schraffierten Teile (grundsätzlich alle Augen und Mäuler/Schnäbel) sind auszuschneiden, damit die Kinder sehen und deutlich sprechen können.

Einzelne Teile (Kamm und Halslappen beim Huhn, Ohren bei Schwein, Hase, Esel, Hund, Katze, Ochse) können aus Stoff, Filz oder Pappe angeklebt werden, die Hörner des Ochsen und die Hörnchen der Schnecke auf jeden Fall aus Pappe.

Schnauzhaare des Löwen und die Mähne sind aus Wollresten herzustellen, die Fühlhaare der Katze aus steifem Garn, evtl. verdreht und verklebt, oder aus Kordel.

Durch die Bemalung und durch typische Farben (am wichtigsten beim Frosch, der sonst keinerlei Merkmale hat) werden die Tiergesichter gut unterscheidbar und geben den Kindern die Möglichkeit, wirklich in ihre Rolle zu schlüpfen. Sicher ist die Schnecke besonders stolz, wenn sie noch ein spiralförmig bemaltes Papphäuschen tragen darf!

Eule

Huhn

Schwein

Frosch

Hase

Löwe

Schnecke

Hund

Katze

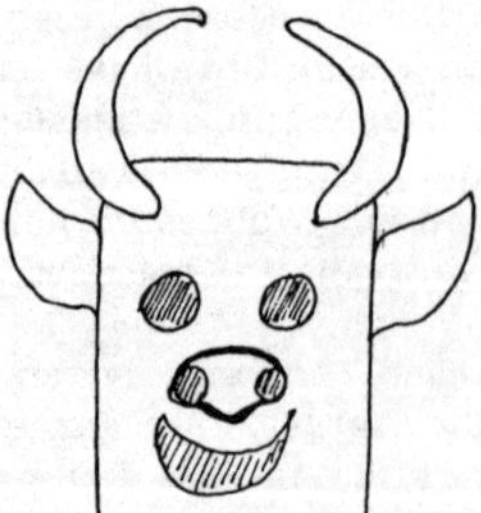

Ochse

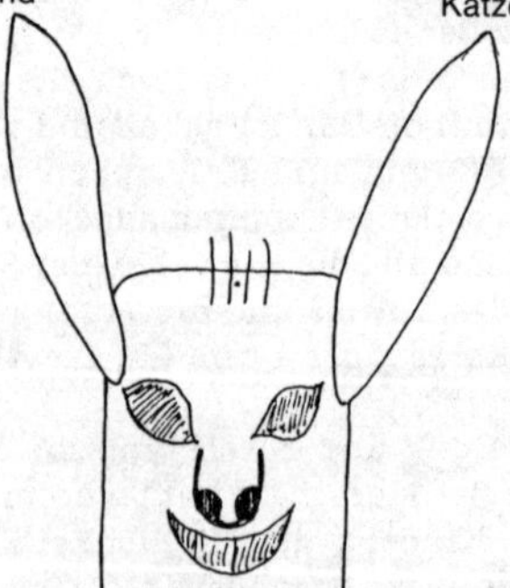

Esel

Es ist Nacht. Engel Gabriel kommt suchend auf die Bühne und sieht sich um. Hinter ihm gehen 2 kleinere Engel und tragen jeder eine Glocke.

Engel Gabriel: *(ruft)* Ihr Tiere alle, kommt ganz schnell!
Ich bin der Engel Gabriel.
Vom Himmel flog ich, das ist weit.
Kommt schnell! Wir haben keine Zeit!

Tiere: *(zusammen, aber noch hinter den Bäumen, gucken nur vorsichtig hervor)*
Im Dunkeln kann sehr viel passieren.
Was willst du denn von uns, den Tieren?

Engel Gabriel: Ich brauche euch in dieser Nacht.
Hört zu! Die Ohren aufgemacht!
Das Christkind kommt heut auf die Welt.
Es hat kein Haus und auch kein Geld.
Bei Menschen hätt' es gern ein Bett,
doch alle Menschen sind nicht nett.
Sie knallen ihre Türen zu
und schimpfen: Laß uns bloß in Ruh!

Tiere: *(zusammen, hinter den Bäumen hervorschauend)*
Das weiß das Schaf und auch das Rind,
wie dumm die Menschen manchmal sind.

Engel Gabriel: Drum helft, ihr Tiere! Ihr seid klug!
Doch schnell, es ist schon spät genug!

Die Eule: *(kommt als erste hinter einem Baum hervor)*
Schuhuuuuuu –
Ich biete ihm mein Nest im Baum.
Ein beß'res Plätzchen gibt es kaum.
Ich lehre es, im Dunkeln fliegen
und Fuchs und Schlange zu besiegen.

Engel Gabriel: Dank, Schwester Eule, Nachtgesicht!
Doch töten will das Christkind nicht.
Es will auch Fuchs und Schlange lieben,
sonst wär's im Himmel ja geblieben.

Eule tritt etwas zurück, bleibt aber vor den Bäumen.

Huhn: *(tritt hervor)*
Gackgackgackgaaaack –
Ich lad es ein auf meine Stange.
Mein Flügel deckt es warm und lange.
Ich leg ihm jeden Tag ein Ei
und bring ihm auch das Gackern bei.

Engel Gabriel: Dank, Schwester Huhn! Dein Rat klingt munter.
Doch von der Stange fällt es runter.
Dein Flügel kann die Küken schützen,
doch einem Christkind wenig nützen.

Eule: *(nickt zustimmend)*
Schuhuuuu!

Huhn tritt zurück, stellt sich neben die Eule.

Schwein: *(tritt hervor, macht Grunzgeräusche durch die Nase)*
Ich quiek und grunze mit Gepatsch:
nichts schöner als ein Platz im Matsch!
Ich lad es ein. Es darf beim Wühlen
mit meinem Ringelschwänzchen spielen.
Engel Gabriel: Dank, Bruder Schwein! Du meinst es lieb,
doch wenn das Christkind bei dir blieb
und schmutzig würde bis zum Kragen,
was würde wohl Maria sagen?
Eule: Schuhuuuu –
Huhn: Gackgackgaaack –

Schwein tritt zurück, stellt sich neben das Huhn.

Frosch: *(tritt hervor)*
Quaaak – quaaak –
Mein Tümpel ist ein guter Platz,
da springt es rein mit einem Satz.
Ich will das Christkind gern beglücken
mit Quak-Konzerten und mit Mücken!
Engel Gabriel: Dank, Bruder Frosch, auch das ist fein,
doch leider nicht fürs Christkindlein.
Es kann doch nicht ins Wasser hupfen,
sonst kriegt es einen Riesenschnupfen.
Eule: Schuhuuuu –
Huhn: Gackgackgaaack –
Schwein: Grunzgrunz –

Frosch tritt zurück, stellt sich neben das Schwein.

Hase: *(tritt hervor, wackelt mit den Ohren)*
In meiner Grube ist es trocken,
da kann es Möhren kau'n und hocken,
und kommt ein Feind, den hör ich bald
(wackelt an seinen langen Ohren),
wir fliehn im Zickzack in den Wald.
Engel Gabriel: Dank, Bruder Hase, das klingt gut.
Das Christkind aber braucht viel Mut!
Es will nicht töten und nicht raufen,
doch auch nicht lernen, wegzulaufen.
Eule: Schuhuuuu –
Huhn: Gackgackgaaack –
Schwein: Grunzgrunzgrunz –

Frosch: Quaakquaakquaak –

Hase stellt sich neben den Frosch.

Löwe: *(tritt hervor)*
Uaaaaah –
Wenn's um den Mut geht, bin ich da!
Ich nehm es mit nach Afrika.
Es kuschelt sich in meine Mähne,
und niemals zeig ich ihm die Zähne!
Engel Gabriel: Dank, Bruder Löwe, für den Schwur,
doch – gilt der nicht dem Christkind nur?
Vielleicht verschluckst du im Gedrängel
ganz aus Versehen einen Engel – ?
Eule: Schuhuuu –
Huhn: Gackgackgaaack –
Schwein: Grunzgrunzgrunz –
Frosch: Quaakquaakquaak –
Hase: *(wackelt mit den Ohren)* –

Löwe stellt sich neben den Hasen.

Schnecke: *(kommt sehr, sehr langsam hervor, trägt ein Häuschen)*
Ich hab ein Haus für mich allein
und lad das Christkind gerne ein
und trag es auch, so weit ich kann,
doch geht es langsam nur voran.
Engel Gabriel: Dank für die Mühe, Schwester Schneck!
Du schleppst schon grad genug Gepäck!
Dein Häuschen reicht für dich allein,
fürs Christkind ist es wohl zu klein.
Eule: Schuhuuu –
Huhn: Gaaackgackgaaack –
Schwein: Grunzgrunzgrunz –
Frosch: Quaakquaakquaak –
Hase: *(wackelt mit den Ohren)* –
Löwe: Uaaaaaah –

Schnecke kriecht zurück, stellt sich neben Löwen.

Hund: *(tritt hervor)*
Wauwau –
Ich schenk ihm einen Knochen – wau! –
und Wurst, die ich vom Teller klau.
In meiner Hütte ist's gemütlich!
Ich paß' gut auf und bin ganz friedlich!

Engel Gabriel: Dank, Bruder Hund! Doch wie bekannt,
kommt bald Besuch aus Morgenland.
Drei Könige bringen ihren Schatz,
und dafür ist bei dir kein Platz.

Eule: Schuhuuu –

Huhn: Gackgackgaaack –

Schwein: Grunzgrunzgrunz –

Frosch: Quaakquaakquaak –

Hase: *(wackelt mit den Ohren)* –

Löwe: Uaaaaah –

Schnecke: *(nickt nur mit dem Kopf)* –

Hund tritt zurück, stellt sich neben Schnecke.

Ochse: *(tritt hervor)*
Muuuuh –
Mein Stall ist groß genug und warm,
doch ich bin leider alt und arm.
Was soll das Christkind von mir denken?
Ich kann ihm wirklich gar nichts schenken.

Engel Gabriel: Dank, Bruder Ochs, du liebes Tier!
Dein Stall ist gut, den nehmen wir!
Jetzt fehlt uns nur noch eine Wiege,
damit das Christkind weich drin liege.

Katze: *(tritt hervor)*
Miau –
Leg's in mein Körbchen, weich auf Decken!
Ich will's auch immer sauber schlecken
und schnurren und mit Mäuschen füttern.
Man lernt sehr viel von Katzenmüttern!

Engel Gabriel: Dank, Schwester Katze, Seidenhaar,
dein Kuschelkorb ist wunderbar!
Doch – soll das Christkind Mäuschen fressen?
Lern lieber du, Salat zu essen!

Katze stellt sich neben Hund.

Eule: Schuhuuu –

Huhn: Gackgackgaaack –

Schwein: Grunzgrunzgrunz –

Frosch: Quakquakquaaak –

Hase: *(wackelt mit den Ohren)* –

Löwe: Uaaaaah –

Schnecke: *(nickt mit dem Kopf)* –

Hund: Wauwau –

Ochse: Muuuh –

Ochse: Die Futterkrippe, die da steht –
nimm doch die Krippe, wenn es geht!

Ich brauch sie nicht, um mich zu freuen,
ich geh ja raus zum Wiederkäuen.

Engel Gabriel: Dank, Bruder Ochs, du liebes Tier!
Die Krippe, ja, die nehmen wir.
Und du sollst an der Krippe stehen
und immer auf das Christkind sehen!

Ochse: *(erschrocken)*
Wer? Ich? Ich bin doch viel zu groß!
Was denkt denn so ein Kindlein bloß?
Es wird sich fürchterlich erschrecken,
unmöglich kann ich mich verstecken!

Engel Gabriel: Dank, Bruder Ochs, du liebes Tier!
Du machst zu viele Sorgen dir.
Vor deinem freundlichen Gesicht
erschrickt bestimmt das Christkind nicht!

Eule: Schuhuuuu –

Huhn: Gackgackgaaack

Schwein: Grunzgrunzgrunz –

Frosch: Quakquakquaaak –

Hase: *(wackelt mit den Ohren)* –

Löwe: Uaaaaah –

Schnecke: *(nickt mit dem Kopf)* –

Hund: Wauwauwau –

Katze: Miau –

Esel: *(tritt hervor)*
i a a a –
Ich armer Esel kann nichts sagen.
Ich muß nur immer Säcke tragen!
So gern wär' ich dem Christkind nah,
doch ich hab keinen Stall! I aaa !

Engel Gabriel: Komm, Bruder Esel, mit zum Stall!
Dich brauchen wir auf jeden Fall!
Bald wird Maria auf dir reiten,
und du wirst Christkinds Flucht begleiten
bis nach Ägypten an den Nil.
Bring du nur alle gut ans Ziel.

Esel: *(begeistert)* I aaaa! I aaa! I aaa!

Engel Gabriel: *(zu den anderen)*
Ihr lieben Tiere, jetzt geht schlafen!
Ich such die Hirten mit den Schafen.

Tiere: *(zusammen)*
Laß uns doch lieber mit dir gehn!
Wir wollen auch das Christkind sehn!
Wir haben zwar nichts mitzubringen,
doch woll'n wir ihm ein Schlaflied singen.

Schnecke: Ich kann nicht singen!
Hase: Ich bin stumm!
Engel Gabriel: Euch binden wir ein Glöckchen um.

Die kleinen Statisten-Engel gehen zu Hase und Schnecke und hängen ihnen die Glocken um den Hals.

Tiere: *(zusammen)*
Wir feiern Weihnacht, groß und klein.
Das Christkind will unser Bruder sein!

Alle Tiere stellen sich hintereinander und gehen hinter den Engeln her langsam von der Bühne weg. Dabei macht jedes Tier seine Stimme, und Hase und Schnecke bimmeln laut.
Alle Tierstimmen und Glöckchen laut und gleichzeitig.

Edith Ruppmann

Im Weihnachtsmärchenland

Spielszene

Mit märchenhaftem Text, mit Lied und Musik, mit Spielszenen und Bildern soll Kindersehnsucht Ereignis werden.
Die Agierenden sind Kinder mit ihren Leiterinnen/Leitern. Die „Gemeinde" soll einbezogen werden.
Die Gruppe der Kinder verwandelt sich während des Spieles zu Wichteln, wobei auch Wichtelmädchen dabei sein sollen. In dieser Zeit übt die Gemeinde den Kanon „Freude, Freude...".
Die Arbeiten der Wichtel sollten in einigen Szenen dargestellt werden.
Die ganze Szenerie könnte in einigen großflächigen Bildern („Bühnenbildern") dargestellt werden.

1. Sprecher: Viele kleine Wichtelmännlein
wohnen hinterm dunklen Wald,
wo die vielen Weihnachtstannen
seufzen: „Ach, wie ist das kalt.
Daß uns doch der alte Winter
zög' ein weißes Kleidchen an,
und die Schar der lieben Kinder
endlich Schlitten fahren kann."

2. Sprecher: Wichtel haben unterdessen
Weihnachtsbäume ausgesucht,
Breite, Länge, Höh' gemessen
und fein säuberlich verbucht.

Dann erst darf der Winter bringen
jedem Baum ein weißes Kleid.
Leis hört man die Wichtel singen:
„Komm, du liebe Weihnachtszeit."

3. Sprecher: Kinder, wollt ihr mit mir gehen
in den weißen Wald hinein?
Ihr dürft dort die Wichtel sehen.
Aber leise müßt ihr sein.
Wenn die Vögel alle schlafen,
gehn wir mit dem Mond hinaus,
aber nur die Lieben, Braven.
Wer nicht lieb ist; bleibt zu Haus.

Die Kinder aus der versammelten Gemeinde werden aufgefordert, nach vorn zu kommen und mit den Kindern der Musikgruppe das folgende Lied zu singen:

1. Sprecher: Unter riesengroßen Tannen
steht das Haus der lieben Zwerge.
Geradeso wie in den Träumen
sehn wir fleißig sie am Werke.
Laut hört man sie hämmern, klopfen
unterirdisch in den Stuben,
wo sie Weihnachtstiere stopfen
für die Mädchen und die Buben.

Die Mitspieler gehen ab zum Umkleiden. In der Zwischenzeit übt die Gemeinde zusammen mit der Musikgruppe zunächst einstimmig den Kanon:

Die Kinder kehren als Wichtel verkleidet zurück und führen pantomimisch auf, was die Wichtel alles wirken und schaffen.

2. Sprecher: Alle schaffen um die Wette.
Alles ist hier blitzeblank.
Einer nur liegt dort im Bette.
Er ist sicherlich sehr krank.
Seht mal dort auf den Regalen
stehen schnelle Autos rum.
Einer muß sie bunt bemalen.
Da schmeißt er die Farbe um.

3. Sprecher: Doch die andren schaffen weiter.
Es ist ja auch höchste Zeit.
Der dort auf der hohen Leiter
hängt zum Trocknen Hos' und Kleid,
denn die Puppen brauchen alle
Kleider, Schuh' und einen Hut.
Vorsicht! Dort die Mausefalle.
Schnappt sie dich, tut das nicht gut.

1. Sprecher: Ach, was glitzert dort im Tiegel
wie im Herbst das bunte Laub?
Für der Engel weiße Flügel
mahlt ein Wichtel goldnen Staub.

Alle drei: So regt sich für uns zum Feste
manche kleine Wichtelhand,
doch die Freude ist das Beste
dort im Weihnachtsmärchenland.

Die ganze Gemeinde singt nun zusammen den soeben einstudierten Kanon „Freude, Freude ...".

Ein Esel mußt' es sein

2. Ein Esel mußt' es sein, i-a,
ein Esel ganz allein, i-a,
der hat in schweren Tagen
das Gotteskind getragen.
Der Weg war weit und unbequem.
Sie flüchteten aus Betlehem,
damit, das wißt ihr ja,
dem Kind kein Leid geschah.
I-a.

3. Ein Esel mußt' es sein, i-a,
ein Esel ganz allein, i-a,
der hat in schweren Tagen
den König selbst getragen.
Die Straßen eng und unbequem.
Er trug ihn durch Jerusalem,
damit, wie ihr ja wißt,
ein jeder ihn begrüßt.
I-a.

4. Ein Esel mußt' es sein, i-a,
ein Esel ganz allein, i-a,
der hat in schweren Tagen
so vieles still ertragen.
Und seht ihr einen Esel stehn,
dann könnt ihr ruhig zu ihm gehn.
Und streichelt ihr ihn, ja,
dann sagt er leis: „I-a!“
I-a.

Text: Rolf Krenzer, Melodie: Frank Stieper, aus MC „Dann fängt Weihnachten an“, Musikbär-Verlag Paul G. Walter, Eichenweg 15 a, 6905 Schriesheim

Ein Li, ein Lu, ein Lämmchen

2. Und zu dem Li-Lu-Lämmchen
und zu der Ki-Ka-Kuh
da kam auch noch ein Esel,
sah auch dem Christkind zu.

3. Das Li-Lu-Lamm sagt Bäh-bäh,
die Ki-Ka-Kuh sagt Muh,
der I, der A, der Esel,
er sagt I-A dazu.

4. Das Christkind in der Krippe,
das hat ganz laut gelacht.
Und wir und alle Kinder
besingen die Heilige Nacht.

Text und Melodie: Walter Kahn

Es schneit schon

2. Es leuchtet, es leuchtet
am Himmel kein Stern.
Der Schnee wird, der Schnee wird
den Weg uns versperrn.

3. Es warten, es warten
der Kinder soviel.
Nun lauf schon, mein Schimmel,
gleich sind wir am Ziel.

4. Da leuchten schon Kerzen
durch Schnee und durch Eis.
Nun halt schon, mein Schimmel,
zu End' ist die Reis.

5. Ich hab euch, ihr Kinder,
zur Heiligen Nacht
viel Freude am Christkind,
viel Gaben gebracht.

6. Nun sagt auch dem Schimmel
gehörigen Dank
und führt ihn zum Stall rein,
sonst wird er noch krank.

Text und Melodie: Walter Kahn

Wir tragen das Licht in die Welt hinein

Weihnachten feiern in unserer Zeit

Wir tragen das Licht in die Welt hinein

Dieses Lied eignet sich als Abschlußlied im Gottesdienst oder bei der Weihnachtsfeier im Kindergarten. Jeder Teilnehmer bekommt eine Kerze und darf sie an einer großen Kerze anzünden, so daß es immer heller wird. Wenn alle Kerzen brennen, wird das Lied gesungen. In einer kleinen Lichterprozession werden die Kerzen hinaus – in die Welt – getragen.

2. Wir tragen das Licht in die Welt hinaus
und tragen es weiter von Haus zu Haus.
Fürchtet euch nicht,
von Gott kommt das Licht.
Fürchtet euch nicht,
denn Gott ist das Licht.

3. Wir bringen das Licht so von Land zu Land
und geben es weiter von Hand zu Hand.
Fürchtet euch nicht,
von Gott kommt das Licht.
Fürchtet euch nicht,
denn Gott ist das Licht.

4. Es leuchtet das Licht in die Dunkelheit
und schenkt neuen Mut und Geborgenheit.
Fürchtet euch nicht,
denn Gott ist das Licht.
Fürchtet euch nicht
und geht mit dem Licht.

Wir bringen das Licht zu euch

Spielszene

Zum Spielen werden ca. 17 Kinder benötigt. Das Spiel beginnt mit einer leeren, abgedunkelten Spielfläche. Nach und nach kommen die Mitspieler heraus, sprechen ihren Text und bilden auf der Spielfläche einen Halbkreis. Die Kostümierung kann sparsam sein. Jeder Spieler benötigt jedoch einen (oder auch mehrere) für seine Textaussage typischen Gegenstand. Außerdem führt jeder Mitspieler (außer den Kerzenträgern) verdeckt eine nicht brennende Kerze mit.

1. Kind *(mit einer brennenden Kerze in der Hand):*
Ich trage das Licht zum ersten Advent.

2. Kind *(mit einem gemalten Wunschzettel):*
Auf meinem Wunschzettel stehen viele, viele Wünsche.

3. Kind *(mit einer Puppenkarre):*
Ich wünsche mir eine Puppe, die sprechen kann und lange Haare hat.

4. Kind *(mit einem Sturzhelm):*
Und ich wünsche mir so sehr ein Fahrrad.

5. Kind *(mit Goldpapier):*
Ich falte mir einen Stern. Wenn er fertig ist, hänge ich ihn in mein Fenster.

6. Kind *(mit einer brennenden Kerze in der Hand):*
Ich trage das Licht zum zweiten Advent.

7. Kind *(mit einem kleinen Jutesack):*
Ich möchte wissen, was der Nikolaus in seinem Sack hat.

8. Kind *(mit einer Blockflöte):*
Ich kann schon auf meiner Flöte ein Weihnachtslied spielen.
(Spielt den Beginn eines Weihnachtsliedes.)

9. Kind: *(mit einem selbstgemalten Bild):*
Meiner Mutti und meinem Vati schenke ich dieses Bild.

10. Kind *(mit einer Schürze, einer Rührschüssel und einem Rührlöffel):*
Am Sonnabend backen wir Plätzchen. Da darf ich mithelfen.

11. Kind (*mit einer brennenden Kerze in der Hand*):
Ich trage das Licht zum dritten Advent.

12. Kind (*mit einem Apfel, einem Stück Pappe und etwas Watte; diese Teile sind so vorbereitet, daß sich aus ihnen schnell ein Apfelmännchen zusammensetzen läßt*):
In diesen Apfel beiße ich nicht. Ich setze ihm eine Mütze auf. Nun noch ein Bart. Fertig ist der Weihnachtsmann.

13. Kind (*mit einem Tannenzweig*):
Unser Tannenbaum ist noch viel größer als ich. Er geht bis an die Decke.

14. Kind (*mit einem Weihnachtsmann aus Schokolade*):
Mutti sagt, der Weihnachtsmann ist lieb. Ich habe aber trotzdem ein bißchen Angst vor ihm.

15. Kind (*mit einem Gedichtbuch, spricht beim Heraustreten den Beginn eines Weihnachtsgedichts, bricht dann jedoch ab*):
Oje, jetzt weiß ich nicht mehr weiter. Hoffentlich kann ich das Gedicht bis zum Heiligen Abend auswendig.

16. Kind (*mit einer brennenden Kerze in der Hand*):
Ich trage das Licht zum vierten Advent.

17. Kind (*mit einem bunt verpackten Weihnachtspaket*):
Ich bin ja so aufgeregt. Hoffentlich ist bald der Heilige Abend.

Alle vier Kerzenträger gemeinsam:
Wir bringen das Licht zu euch. (*Anschließend zünden die Kerzenträger die Kerzen aller Mitspieler an.*)

17. Kind: Am Heiligen Abend ist Christus geboren.

Alle Kinder: Darüber freuen wir uns.

Hartmut Kulick

Zwei Weihnachten

Spielszene

In zwei ganz unterschiedlich gestellten Familien wird Weihnachten gefeiert. Beide Familien kann es hier bei uns und in allen anderen Ländern geben. Die einen wissen nicht mehr, was sie sich noch schenken sollen, weil sie alles im Überfluß haben. Die anderen haben nichts, was sie einander schenken können. Sie werden Weihnachten noch nicht einmal satt.
Die Requisiten (Päckchen, Pappkarton usw.) lassen sich leicht beschaffen. Jede Armbanduhr taugt für das Spiel. Die goldene Figur, die der Mann seiner Frau schenkt, kann aus Stanniolpapier gebastelt werden. Es läßt sich auch eine einfache Holzfigur mit Goldfarbe anmalen.
Auf der Bühne laufen nebeneinander, sozusagen Wand an Wand, abwechselnd zwei Handlungen ab.

Rechtes Bild: Ein reiches Ehepaar sitzt in Polstersesseln vor einem reichgeschmückten Weihnachtsbaum. Unter dem Weihnachtsbaum liegt ein Berg schön verpackter Geschenke.
Linkes Bild: Vier Kinder in Lumpen kauern in einer Slum-Hütte um ihren Vater.
Die jeweils in Aktion befindliche Szene wird beleuchtet, die andere bleibt dunkel.

Rechtes Bild – erste Szene

Mann: Ich glaube, ich hab' zu viel gegessen. Ich hab' Sodbrennen.
Frau: Der Putenbraten war sehr fett. Ich hab' dich gewarnt. Aber du wolltest ja unbedingt Putenbraten mit Rahmsoße haben.
Mann: Kein Weihnachten ohne Putenbraten!
Frau: Und das viele Gebäck! Ein anstrengendes Fest. Das geht einem an die Leber.
Mann: *(drückt sich auf den Bauch)*
Fühl mal – schon wieder geschwollen! Und wie der Magen drückt!
Frau: Hier hast du ein Schnäpschen – damit die Verdauung wieder arbeitet.
Mann: *(trinkt)*
Ah, das tut gut! Dreh die Heizung zurück, es ist eine Bullenhitze hier!
Frau: Und jetzt wollen wir die Geschenke auspacken.
Mann: *(seufzt)* Was für ein Berg. So viel Arbeit!

Linkes Bild – erste Szene

Vater: Es wird kalt heute nacht. Kriecht dicht zusammen und wärmt euch aneinander.
4. Kind: Ich will zu Mama.
Vater: Laß sie in Ruhe. Sie will jetzt in ihrem Winkel nicht gestört werden.
3. Kind: Ich hab so Hunger.
Vater: Du hast doch heute mittag Suppe bekommen.
2. Kind: Das war ja nur Wasser mit ein paar Reiskörnern drin. Nicht einmal Fettaugen waren darauf. Wo doch heute Weihnachten ist!
1. Kind: Ich hab mir vom Christkind gewünscht, daß ich mal satt werde.
Vater: Ihr wißt doch, warum ich euch nicht sattmachen kann.
2. Kind: Ich hab mir gewünscht, daß du Arbeit findest. Wo wir doch jetzt bald fünf sind.
3. Kind: Ich hab so Hunger.
Vater: Sei still. Das hört sonst Mama, und dann weint sie.
4. Kind: *(leise)* Mama, liebe Mama …
Vater: Ich hab' ein kleines Weihnachtsgeschenk für euch.
Alle vier Kinder: *(aufgeregt)*
Ein Geschenk? Was ist es? Zeig her!
Vater: Dafür bin ich heute früh, als ihr noch geschlafen habt, im Reichenviertel rumgelaufen. Von Mülleimer zu Mülleimer.
(Er schwenkt eine volle Plastiktüte, gibt sie den Kindern.)

1. Kind: Brot! Eine ganze Tüte voll Brot!
Vater: Manche Scheiben sind schon verschimmelt.
4. Kind: Macht nichts. Die machen auch satt. *(Sie essen.)*
Vater: Laßt Mama was übrig.
2. Kind: Und du, Papa? Hast du keinen Hunger?
Vater: Ihr müßt doch noch wachsen, und Mama braucht Milch für das Kind. Das ist wichtiger. Ich werde ein andermal satt.
Alle vier Kinder:
Danke, Papa! –
1. Kind: Wir haben auch ein Geschenk. Für das neue Geschwisterchen, wenn's auf die Welt kommt. Ein schönes Bettchen, zum Tragen. Aus dem Supermarkt. *(Sie schieben oder tragen eine große, stabile Margarine- oder Obstschachtel mit Grifflöchern in die Mitte.)*

Rechtes Bild – zweite Szene

Frau: Endlich fertig. Und jedes Jahr werden es mehr. *(Sie zeigt auf die Geschenke, die jetzt alle ausgepackt sind.)*
Mann: Lauter Zeug, das wir sowieso schon haben.
Frau: Aber ich schenk dir etwas, was du noch nicht hast. Da – pack's aus.
Mann: Eine Rolex! Aber ich hab doch schon eine Armbanduhr.
Frau: Aber keine Rolex. Mit der Rolex bist du wer.
Mann: Das ist wahr. Die werden staunen! – Ich hab auch was für dich, was du noch nicht hast. Hier. Was ganz Einmaliges!
Frau: Oh, wie niedlich – ein Jesuskind!
Mann: Ganz aus Gold. Hat ein paar Tausender gekostet.
Frau: Das stell ich in die Vitrine.
Mann: Das ist zu riskant. Tu's lieber in den Tresor.
Frau: Und wie bringen wir jetzt den Heiligen Abend zu Ende?
Mann: Mal sehen, was es im Fernsehen gibt.

Linkes Bild – Zweite Szene

Vater: Kinder, ihr habt ein Brüderchen bekommen!
(Er hält es ihnen hin. Sie bestaunen es.)
Alle vier Kinder:
Ein Brüderchen! Wie lieb! Wie süß!
1. Kind: Ich leg' meinen Pulli in die Schachtel, damit es weich liegt.
(Es zieht seinen Pullover aus und legt ihn in die Schachtel. Der Vater bettet das Neugeborene darauf. Auch die anderen Kinder ziehen sich irgendeinen Fetzen aus, um das Kleine zuzudecken.)
2. Kind: Wird es denn satt werden?
Vater: Wir müssen dafür sorgen, daß Mama satt wird.
3. Kind: Ich geh auf den Markt. Vielleicht find' ich ein paar angefaulte Äpfel oder Tomaten.
4. Kind: Ich geh auf die Kirchenstufen und bettle.

1. Kind: Ich geh in den Supermarkt stibitzen.
2. Kind: Ich wühl' in den Mülltonnen.
Vater: Und ich such' weiter nach Arbeit. Wir werden es schon schaffen.
3. Kind: Wir haben noch ein Geschenk!
Vater: Warte, ich will Mama holen, damit sie sich mitfreuen kann. *(Er holt die Mutter aus dem Hintergrund. Die Kinder schieben ihr Vaters Stuhl hin und kauern sich vor ihre Füße. Das 1. Kind bringt ein Holzbündel, übergibt es dem Vater.)*
2. Kind: Wir sind in der ganzen Stadt rumgelaufen und haben jedes kleine Stückchen Holz gesammelt, das wir finden konnten.
4. Kind: Heute abend können wir die Hütte wärmen.
Vater: Eine warme Hütte. Das wird Mama und dem Brüderchen guttun.
Mutter: *(nimmt das Neugeborene aus der Schachtel auf ihren Schoß)* Es wird leben bleiben, unser jüngstes Kindchen. Wir alle haben's ja lieb. *(Sie summt ein Wiegenlied und wiegt das Kind. Die übrigen Kinder und der Vater summen mit. Das Licht verlöscht langsam.)*

Ich will vor Freude singen

2. Ich will vor Freude klatschen,
weil dein Geburtstag ist,
weil du für mich,
weil du für mich
zur Welt gekommen bist.
La lala la la lei,
la lala la la lei.
So klatschen wir voll Freude,
und jeder ist dabei.

3. Ich will vor Freude stampfen,
weil Gott uns nicht vergißt,
und Gottes Kind,
und Gottes Kind
im Stall geboren ist.
La lala la la lei,
la lala la la lei.
So stampfen wir voll Freude,
und jeder ist dabei.

4. So tanzen wir vor Freude,
weil Weihnachten beginnt.
Wir lieben dich.
Wir loben Dich,
weil wir so dankbar sind!
La lala la la lei,
la lala la la lei.
So tanzen wir voll Freude,
und jeder ist dabei.

5. Ich will vor Freude tanzen,
denn Weihnachten ist heut,
daß jeder sich,
daß jeder sich
mit mir darüber freut.
La lala la la lei,
la lala la la lei.
So tanzen wir voll Freude,
und jeder ist dabei.

Text: Rolf Krenzer, Melodie: Siegfried Fietz

Weil heute wieder Weihnacht ist

2. Weil heute dein Geburtstag ist, bin ich so froh.
Weil du der Grund der Freude bist, drum pfeif ich so:
Tititi …
I: Weil heute dein Geburtstag ist, bin ich so froh :I

3. Weil heute jeder sich so freut, bin ich so froh.
   Es feiern heute alle Leut, drum lach ich so:
   Hahaha …
   I: Weil heute jeder sich so freut, bin ich so froh :I

4. Weil einer an den andern denkt, bin ich so froh.
   Weil einer was dem andern schenkt, drum klatsch ich so:
   Kschkschksch …
   I: Weil einer an den andern denkt, bin ich so froh :I

5. Weil Weihnachten mir so gefällt, bin ich so froh.
   Es geht die Freude um die Welt, drum tanz ich so:
   Tatatam …
   I: Weil Weihnachten mir so gefällt, bin ich so froh :I

Text: Rolf Krenzer, Melodie: Paul G. Walter, aus MC „Dann fängt Weihnachten an", Musikbär-Verlag Paul G. Walter, Eichenweg 15 a, 6905 Schriesheim

Ihr habt ihn weggeschickt

Spielszene

Das folgende Stück befaßt sich mit den eingefahrenen Stereotypen des traditionellen Krippenspiels. Welche Eigenschaften oder äußeren Merkmale muß man aufweisen, um einen Hirten, Engel, König zu spielen? An diesen Aspekt des Spiels fügt sich das am Ende abgedruckte Lied „Es müssen nicht Männer mit Flügeln sein" an.

Die Kinder sitzen gelangweilt herum, am Rand der Spielfläche schaut ihnen ein alter Mann (verkleidetes Kind) zu.

A: *(das größte der Mädchen zu O)*
Opa, weißt du nicht, was wir spielen könnten?

O: *(überlegt einen Moment, sagt dann)* Spielt *(wieder kurze Pause)* – „Jesus ist geboren".

A: Au ja, ich bin Maria, mit Puppenkindern kenn' ich mich aus.

B: *(der größte der Jungen scheint A zu mögen und schlägt daher vor)* Ich bin Josef … *(sucht ebenfalls nach einer Begründung, traut sich nicht, sagt dann):* Ich kann gut schnitzen. *(Holt ein Stück Holz und ein Taschen- oder Gummimesser hervor, „schnitzt" im folgenden ununterbrochen daran herum.)*

C: Ich bin der erste von den drei Königen …

D: *(ruft schnell dazwischen)* Zweiter!

E: *(ebenso)* Dritter!

C: Ich bekomme schon 'ne ganze Menge Taschengeld.

D: Und ich hab das beste Fahrrad, da kann ich von weit herkommen.

E: Ich hab noch drei jüngere Geschwister, da hab ich Erfahrung im Rumkommandieren.
B: Gut. *(Zu F)* Und du?
F: Ich bin der Esel. *(Gekicher bei den andern)* Nein, ich meine, ich kann doch so gut „I-a" machen …
G: *(läßt seine Muskeln spielen)* Und ich bin bullenstark, ich bin der Ochse oder wie das andere Vieh heißt. *(G springt übermütig auf allen Vieren durch den Raum, F folgt ihm, laut „I-a, I-a" brüllend)*
H: Ich hab die schönsten Haare *(stellt sich in Position),* ich bin ein Engel.
I: Ich bin Hirte, wir haben zu Hause einen Schäferhund.
J: Wir auch!
B: Prima, wir brauchen ja auch mehr als einen Hirten.
H: Ich will aber auch nicht allein vom Himmel fallen.
A: Dann ist K noch Engel!
K: Ich will aber lieber Hirte sein!
C: Quatsch, du bist'n Mädchen und kannst gut singen!
K: Na und?
C: Haste schon mal 'nen Hirten gesehen, der im Mädchenchor singt?
K: *(schlagfertig)* Hast du schon mal 'nen Engel gesehen?
A: Streitet euch doch nicht, ich will endlich spielen. *(zu K)* Aber als Hirte hast du echt keine Erfahrung!
K: *(ironisch)* Aber als Engel?!
H: *(einlenkend)* Mir zuliebe, bitte!
K: *(noch etwas knurrig)* Na gut.
L: *Ich* wäre *gern* Engel!
B: Mit den Klamotten?
(L ist schlampig angezogen, evtl. zerrissene verschmutzte Kleidung.)
D: Was kannst du denn?
L: *grinst)* Pfeifen.
C: Alles klar, du bist Hirte!
(K faßt sich an den Kopf, schüttelt ihn, sagt aber nichts.
M: *(der Kleinste, kommt von außerhalb hinzu)*
Was spielt ihr?
A: *(und einige andere)*
„Jesus ist geboren".
M: Kann ich mitmachen?
D: Was kannst du denn?
(M zuckt mit den Achseln.)
D: Dann hau ab!
G: Los, Tempo!
(M geht ab, G und F begleiten ihn spöttisch als Ochse und Esel, schubsen ihn mit dem Kopf.)
H: Geht's jetzt endlich los?
B: Jesus fehlt noch.
(A greift nach einer Puppe.)

J: Nein, wir brauchen einen richtigen Jesus...
(Alle schauen einen Moment zögernd herum)

O: Der war doch schon da *(kurze Sprechpause)* – und ihr habt ihn weggeschickt!

2. Sie haben kein *Schwert,* kein weißes Gewand,
die Engel.
Vielleicht ist einer, der gibt dir die Hand,
oder er wohnt neben dir, Wand an Wand,
der Engel.

3. Dem Hungernden hat er das Brot gebracht,
der Engel.
Dem Kranken hat er das *Bett* gemacht,
er hört, wenn du ihn rufst, in der Nacht,
der Engel.

4. Er *steht* im *Weg* und er sagt: Nein,
der Engel,
groß wie ein *Pfahl* und hart wie ein Stein –
es müssen nicht Männer mit Flügeln sein,
die Engel.

Begleitung mit ostinatem Akkordwechsel (S. o.) oder folgendem Bordun (Klavier)

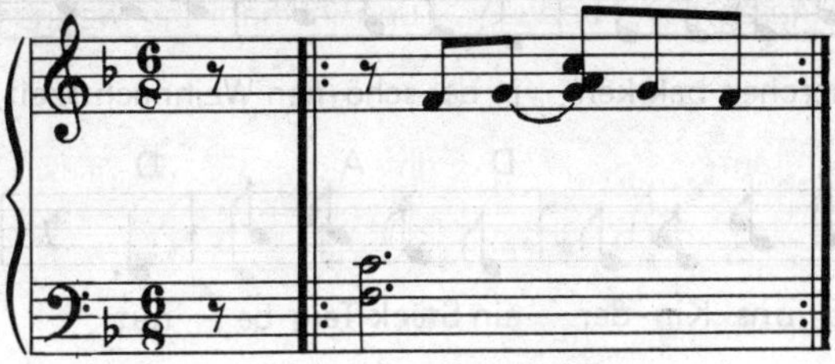

Zur Bordunbegleitung und / oder zwischen den Strophen auch freie Improvisation mit der pentatonischen Skala auf f:

Spielszenentext und Melodie: Siegfried Macht, Liedtext: R. O. Wiemer

Plätzchen backen

Spielszene

Aus der Spielgruppe werden 5 Kinder ausgewählt. Die übrigen Kinder sind die Zuschauer und helfen mit beim Singen. – Aus Pappe sind 4 „Riesenplätzchen“ vorbereitet worden mit den im Lied erwähnten Formen (Puppe, Kran, Eisenbahn, Fragezeichen). – Als Requisiten evtl. Kochmützen, Kopftücher, Schürzen.

Die fünf Kinder stehen um den Tisch.

1. Kind *(Mutter):* Habt ihr auch alle die Hände gewaschen?
Alle *(strecken ihr die Hände entgegen):* Ja! Klar! Ganz gründlich!
2. Kind: *(eifrig)* Ich kremple mir die Ärmel hoch. *(Alle machen es nach.)*
3. Kind: Ich setze mir eine Kochmütze auf.
2. Kind: Au ja, ich auch!
4. Kind: Ich binde mir ein Kopftuch um.
5. Kind: Und ich ziehe eine Schürze an.
Alle: Ich auch! Ich auch!

Jetzt singt die Spielgruppe die 1. Strophe des „Plätzchen-back-Liedes“ auf die Melodie von „Hänschen klein“:

Die Kinder am Tisch spielen pantomimisch den Stropheninhalt: Die Mutter verteilt den Teig; alle kneten, rollen aus, stechen aus, naschen auch schnell ein bißchen, wenn die Mutter wegsieht.

Die Spielgruppe singt die 2. Strophe:

Uta schneidet eine Puppe,
Olaf einen hohen Kran,
Ulla zaubert mit dem Messer
eine Eisenbahn.
Nichts von all den Weihnachtswünschen
schneide ich für mich heraus,
nur ein großes Fragezeichen
mit dem Namen ‚Klaus'.

Die Kinder am Tisch halten das jeweils erwähnte Plätzchen hoch. Danach singen alle gemeinsam die 3. Strophe:

Knusperbraune Weihnachtsplätzchen
schmecken echt nach Weihnachtszeit!
Wenn sie auf dem Teller liegen,
reichen sie drei Tage weit.
Mutter packt sie schnell in Büchsen,
bringt sie heimlich ins Versteck,
sonst sind unsre Knusperplätzchen
bis zur Weihnacht weg.

Die Mutter kommt energisch mit einer großen Plätzchenbüchse und sammelt alle Plätzchen ein. Die Kinder verstecken „ihre“ Plätzchen (Puppe, Kran, Eisenbahn, Fragezeichen) hinter dem Rücken. Als die Mutter draußen ist, knabbern sie genußvoll daran.

2. Kind: Hm, lecker!
3. Kind: *(nachdenklich)*
Wo die Mama wohl die Büchse hintut?
4. Kind: Sollen wir suchen gehen?
5. Kind: Wenn wir in alle Schränke gucken, finden wir sie bestimmt.
Alle: Los, kommt! Wir gehen auf Plätzchensuche!
(Alle gehen ab.)

Freude – Alle soll'n sich freuen

Spielszene

Warum beschenkt man sich an Weihnachten? Im Gespräch geben sich Kinder in diesem Spiel selbst die Antwort, und gemeinsam versuchen sie, Ideen zu sammeln, wie man anderen eine Freude machen kann. – Beliebig viele Darsteller.

Kinder spielen miteinander, basteln, packen Päckchen. Auf dem Tisch ein Adventskranz, alle vier Kerzen brennen. Die Kinder sind sehr beschäftigt.

1. Kind: Noch zwei Tage, dann ist endlich Weihnachten. Ich kann es kaum erwarten.
2. Kind: Ich freu mich auch sehr darauf.
3. Kind: Ich auch. Ich mag es, wenn die Kerzen am Baum brennen und wenn wir alle singen.
4. Kind: Und es duftet so gut. Hmm ... – das kribbelt richtig schön im Bauch.
2. Kind: Es riecht nach Weihnachten.
1. Kind: Und dann gibt's Geschenke. *(Reibt sich die Hände.)* Uiih – freue ich mich darauf.
4. Kind: Ich habe mir ganz tolle Sachen gewünscht.
3. Kind: Ich lasse mich lieber überraschen. Das ist viel spannender.
2. Kind: Das möchte ich auch mal versuchen. Nächstes Jahr wünsche ich mir nichts.
5. Kind: Ich finde es eigentlich schöner, anderen etwas zu schenken.
(Ist eifrig damit beschäftigt, ein kleines Päckchen nach dem anderen einzupacken.)
Jeder, den ich kenne, bekommt von mir ein kleines Geschenk.

4. Kind: Ist das nicht zu teuer?
1. Kind: Geschenke kosten Geld.
5. Kind: *(schüttelt energisch den Kopf, lacht)* Nicht alles, was Freude macht, kostet Geld. Man muß nur ein bißchen nachdenken.
3. Kind: Hmm. Ich möchte auch vielen Menschen eine Freude machen.
4. Kind: Warum beschenkt man sich eigentlich gerade an Weihnachten?
5. Kind: Weil man sich freut, und weil man anderen eine Freude machen möchte. Das war schon immer so.
4. Kind: Ja, aber was hat das mit Weihnachten zu tun?
5. Kind: Weihnachten kam Jesus auf die Welt. In Betlehem.
1. Kind: In einem Stall wurde er geboren, weil Maria und Josef in der ganzen Stadt kein Zimmer finden konnten.
2. Kind: Ganz arm waren sie.
3. Kind: Doch dann kamen viele Menschen zu ihnen, die Hirten, die Könige aus dem Morgenland …
4. Kind: …und viele Leute aus der Stadt.
5. Kind: Und weil sie sich so freuten, schenkten sie das her, was sie gerade bei sich trugen.
1. Kind: Sie schenkten, weil sie sich freuten?
5. Kind: Ja, und deshalb beschenken wir uns auch heute noch am Heiligen Abend.
2. Kind: Weil wir uns über die Geburt Jesu freuen.
3. Kind: Und das wollen wir allen zeigen.
4. Kind: Schön ist das. Ich möchte auch allen zeigen, wie ich mich freue.
1. Kind: Aber wie?
5. Kind: *(schleppt einen großen leeren Karton herbei und stellt ihn in die Mitte)* Laßt uns Ideen sammeln. *(Nimmt ein Blatt Papier, schreibt etwas darauf, liest vor und wirft den Zettel in den Karton.)* Meinen Eltern schenke ich zu Weihnachten das Versprechen, mein Zimmer öfters aufzuräumen.

Eifrig folgen die anderen Kinder diesem Beispiel. Abwechselnd werfen sie Zettel mit ihren „Geschenken" in den Karton. Dies ist beliebig fortzusetzen.

1. Kind: Meiner Oma schenke ich einen langen Spaziergang.
2. Kind: Meine kleine Schwester bekommt eine riesig lange Einschlafgeschichte.
3. Kind: Ich werde unserer Nachbarin ein Lied auf der Flöte vorspielen. Das freut sie bestimmt.
4. Kind: Ich werde den Achmed, den keiner mag, zum Spielen einladen, und nicht nur zu Weihnachten.

usw.

Alle singen gemeinsam das Lied von der Freude:

2. Freude – alle soll'n sich freuen.
Freude – allen überall.
Freude – jeden Tag von neuem
über das kleine Kind im Stall.

3. Freude – alle soll'n sich freuen.
Freude – allen einst und heut.
Freude – und wir wollen wünschen,
daß sich jeder richtig freut.

4. Freude brauchen wir zum Leben.
Freude tut uns Menschen gut.
Freude öffnet unsre Herzen
und gibt allen neuen Mut.

Und du mußt auch ins Bett

Spielszene

Zwei Erwachsene (Erzieherinnen) spielen Vater und Mutter. Jan, Katrin und Nina sitzen auf dem Boden und spielen mit den neuen Spielsachen. Ein Weihnachtsbaum steht in der Ecke. Ein Kasperletheater ist aufgebaut. Wir brauchen den Kasper und die Großmutter.

Katrin: Papa, spielst du uns ein Kasperletheater vor?

Nina und Jan: Au ja, Papa! Spiel 'was, bitte, bitte!

Papa: *(Legt das Buch weg, in dem er gelesen hat)*
Na schön! *(Geht hinter das Theater und beginnt.)*

Kasper: Hallo, hallo! Habt ihr auch Weihnachten? – Ja? Ist toll, nicht? – Ich hab auch etwas geschenkt bekommen. Soll ich es euch mal zeigen? – Ja? – Sagt ihr mir dann auch, was ihr bekommen habt? Na, gut! Also, ich hab' einen Regenschirm bekommen! Schön, nicht? Habt ihr auch einen Regenschirm? Ja? – Dann zeigt ihn mal. – Das geht nicht? – Warum? Ach so, ihr braucht ihn gerade nicht. Ich nehm den jetzt immer mit. Und was man alles damit machen kann. So – *(klappt ihn auf und hält ihn nach unten)* jetzt ist das für mich ein Boot. Toll, nicht? Heute abend fahre ich damit in der Badewanne. Die Großmutter wird staunen und mich loben. Sicherlich will sie das dann auch mal probieren. Meint ihr das auch? – Nein? – Warum nicht? – Zu alt? – Wieso? Der Regenschirm ist doch ganz neu. Was? – Nicht die Oma? – Doch die Oma? – Ach so, ihr meint die Großmutter wäre zu alt dazu? Die bekommt vielleicht Angst, weil es darin so schaukelt. Hm, mag sein. Ja, und jetzt *(legt ein Tuch darüber)* ist es ein kleines Häuschen. Gefällt euch das? – Ja? – Das müßt ihr mal probieren.

Großmutter: Kasper! Kasper! Wo steckt denn der Junge nur wieder? Kinder, habt ihr den Kasper gesehen?

Kasper macht ein Zeichen, ihn nicht zu verraten.

Kasper: *(mit tiefer Stimme)* Der Kasper ist nicht da! Ich bin ein Gespenst!

Großmutter: Hu, Hilfe, was ist denn das? Mein gutes Kopftuch läuft ja da herum!

Kasper: Ich bin hier!

Großmutter: Ha, die Beine, die Hose kenn ich doch! Nicht wahr, Kinder, das ist der Kasper. Nein? – Ja? Nun gut, also liebes Gespenst, wenn der Kasper nicht mehr da ist, werden wir ohne ihn das Weihnachtsessen verspeisen. Braten mit Klöße und Apfelmus – und – anschließend – Eis mit Sahne.

Kasper: Hui! Da bin ich wieder. Ich möchte auch mitessen.

Großmutter: Ach, du bist es, Kasper! Da hast du aber Glück gehabt. Wir hätten sonst alles aufgegessen. Dann kommt mit!

Kasper: Tschüß, Kinder!

Die Mutter und die Kinder klatschen, der Vater kommt hervor.

Mutter: Nun spiel' ich euch noch etwas vor. *(Sie geht hinter die Bühne, nimmt den Kasper)*

Kasper: Hach, hu, ist das lecker gewesen! Nun bin ich pudelsatt. Und – hua *(gähnt)* ich werd jetzt ganz müde. Meine Beine schlafen schon. Hört ihr's Kinder? Und meine Arme sind ganz schlapp. Meine Augen fallen schon – hua – in den Schlaf – und mein Bauch will in Ruhe verdauen. Hua!

In die andere Hand nimmt die Mutter die Großmutterpuppe.

Großmutter: Ja Kasper, du schläfst ja schon. Warum gehst du nicht ins Bett? Hörst du, der Seppel schläft schon. *(Man hört Schnarchen)* Ich geh jetzt auch ins Bett, es ist schon sehr spät. Und morgen ist ja noch immer Weihnachten.

Kasper: Stimmt das auch wirklich?

Großmutter: Ja, wirklich! Und wenn ihr gut ausgeschlafen habt, könnt ihr viel besser spielen. Stimmt's Kinder? Und ihr geht doch sicher auch ins Bett. Ja? – Nein? Ich glaube doch. Gute Nacht, Kinder.

Die Mutter kommt hinter der Bühne hervor.

Mutter: So, Kinder, und nun geht's ins Bett. Ihr habt schon ganz kleine Augen.

Katrin: Ich nehme meinen neuen Teddybär mit ins Bett.

Jan: Und ich mein Buch. Darf ich heute noch im Bett lesen?

Nina: Ich bin noch gar nicht müde. Ich will nicht ins Bett.

Vater: Dann bist du morgen ganz müde. Und wir wollen doch Oma, Onkel Fritz, Tante Bele und die Kinder besuchen.

Eltern, Jan und Katrin gehen aus dem Zimmer.

Nina: Ich hätte noch so viel Lust zu spielen. Mama und Papa gehen auch nicht ins Bett. Sie tun so, als ob wir Kinder schneller müde würden als sie. *(Stellt sich neben den Weihnachtsbaum und sieht ihn an.)* Und du, du stehst hier dauernd rum. So! Wenn ich ins Bett muß, dann mußt du auch schlafen. *(Gibt ihm einen Stoß, daß er umfällt.)* Gute Nacht! *(Sie geht ab.)*

Marie-Luise Dietz

Wo und wann Weihnachten war

Spielszene

Mit traditioneller Sitzordnung, evtl. Tischen und Tafel bildet ein Klassenraum die Kulisse; die Kinder spielen Lehrer/in und Schüler ...
Während die Spieler hereinkommen, erklingen Frage und Antwort des Liedes instrumental; die Begrüßung usw. von L(ehrer/in) und Schülern wurde mit den Kindern frei erarbeitet.

L Wer kann mir eigentlich sagen, wo Jesus geboren ist?
Mehrere Kinder melden sich.

A *(ruft schon, bevor L ihn fragt)*: Ist doch einfach!
B Kinderleicht!
C Das weiß doch jeder!
L Na, dann mal los, A!
A In Jerusalem natürlich.
B *(schadenfroh)*: Falsch, in Nazaret!
C *(meldet sich, L ruft ihn auf)*: Alles Quatsch!
(Altklug): Jesus wurde in Betlehem geboren ...
D *(meldet sich auch schon die ganze Zeit, hält es nicht mehr aus und platzt dazwischen)*: Ich hab'mal ein Bild gesehen, wo Jesus ein Schwarzer war.
E *(einer der Kleinsten, verunsichert)*: Liegt Afrika in Betlehem?
D Nein, aber Betlehem liegt in Afrika, glaub ich.
(Schaut hilfesuchend zu L.)
E *(schnell)*: Hab' ich doch gesagt!
D Hast du nicht!
A Ist doch egal, war ja sowieso nicht Betlehem, war doch Jerusalem.
B *(lehrerhaft korrigierend)*: Nazaret!
C *(während sich die Beiträge langsam zum Tumult steigern)*: Erstens hieß der Ort doch Betlehem und zweitens liegt das nicht in Afrika.
D *(beharrlich)*: Aber das war echt ein Schwarzer mit Heiligenschein und so.
L Jetzt mal ganz ruhig, so einfach scheint das also gar nicht zu sein.
A Klar ist das einfach!
B Der D meint doch einen von den Heiligen Drei Königen.
(Fast gleichzeitig)
E Wer ist das denn?
(und)
D Mein' ich nicht!
L Ruhe! Immer eins nach dem andern. Vielleicht hat D wirklich so ein Bild gesehen. Wenn der Maler selber ein Schwarzer war, wollte er vielleicht sagen: Es wäre schön, wenn Jesus in Afrika geboren wäre.
F *(hat sich bislang nicht gemeldet, ruft nun dazwischen)*: Aber wo ist er denn nun wirklich geboren?

A In Jerusalem natürlich, weil Jerusalem die Hauptstadt war. Jesus war der wichtigste Mensch, also hat Gott ihn bestimmt in die wichtigste Stadt geschickt.

E Bin ich auch wichtig?

L *(der/dem die Sache langsam über den Kopf zu wachsen scheint, kratzt sich. Bevor er/sie jedoch etwas sagen kann, ruft B dazwischen)*:

B Wichtigste Stadt hin, wichtigste Stadt her – geboren ist er dort nicht! „Jesus aus Nazaret" heißt er immer in der Bibel, also kommt er aus Nazaret.

F *(zu L)*: Nun sagen Sie doch endlich, was stimmt!

C *(schneller, als L antworten kann)*:
Wir haben im Kindergottesdienst gelernt, daß der Ort Betlehem heißt. Da mußten die Eltern von Jesus hinziehen, weil irgendso ein König sie zählen wollte.

G *(ein Spaßvogel)*:
Was gibt's denn da zu zählen? Josef und Maria sind – *(demonstrative Pause, während der G zwei Finger zeigt)* zwei! *(Gelächter in der Klasse.)*

H Vielleicht können Könige nicht bis zwei zählen?!

L Jetzt hört's aber langsam auf! C hatte gar nicht so unrecht: In der Bibel steht wirklich, daß Jesus in Betlehem geboren wurde …

C *(zu A)*: Siehste! *(und zu B)*: Bäh! *(Streckt B die Zunge raus; A und B erwidern daraufhin Ähnliches.)*

L Moment, Moment; wer immer nur recht haben will, hat aber wenig von Jesus verstanden. Vielleicht war D mit seinem schwarzen Jesus sogar am nächsten an der Wahrheit. Wie ein Ort heißt, ist ja wirklich nicht so wichtig. Aber was dort geschieht, darauf kommt es an.

L singt die 1. Strophe des Liedes „Wer kann mir sagen, wo Jesus Christus geboren ist?":

Text: Kurt Rommel, Melodie: Paul G. Walter

Die Schüler schauen sich verständnislos an, die anderen, weiter hinten sitzenden singen die Antwort; daraufhin drehen sich die ersten acht erstaunt nach ihnen um. Der Lehrer fragt singend ein zweites Mal, und nun antworten singend alle: Dort ist Christus geboren …

Text und Melodie: Siegfried Macht

(Auch mit 1. Zeile als Oberstimmenostinato oder vierstimmig im Kanon möglich)

H *(nachdenklich)*: Dann hätten wir ja auch ... *(den eigenen Ort einsetzen)* sagen können?!

I Aber nicht, wenn ihr euch immer so streitet!

A *(dreht sich aufbrausend nach hinten um)*: Sei du mal ganz ... *(beißt sich mitten im Satz auf die Zunge)*

L Ich sehe, ihr macht Fortschritte. Ich habe aber noch eine Frage: Wann ist Jesus geboren worden?

G Au Mann, schon wieder so'n Ding!

B *(schon weniger selbstsicher als vorher)*: Zu der Zeit, als die Römer mächtig waren; das hab ich im Fernsehen gesehen.

C Das war im Jahr 0, von da an rechnen wir doch unsre Jahreszahlen und sagen „soundsoviel nach Christi Geburt".

E Das versteh ich nicht.

G E ist König im Nichtverstehen, der kann auch nur bis zwei zählen.

E *(würde G wohl gerne verprügeln, sitzt aber zu weit weg und hält Heulen für ungefährlicher.)*

L Ihr könnt es wohl nicht lassen.

A *(meldet sich)*: Das mit Null stimmt auch gar nicht. Mein Papa hat mal gesagt, die haben das Jahr 0 falsch ausgerechnet und das wirkliche Jahr 0 war vor dem Jahr 0 *(scheint sich selbst nicht zu verstehen und fügt nach einem Moment Nachdenken hinzu:)* – oder so ...

B *(hat zur alten Streitlust zurückgefunden)* 0 war nicht 0, du bist 'ne 0!
L *(ermahnend)*: B!
H *(hat plötzlich einen Geistesblitz und meldet sich)*: Ich glaub, ich weiß eine gute Antwort.
L Ja?
H *(plötzlich ernüchtert)*: Aber ich kann nicht singen.
G *(voller Schabernack)*: War das die Antwort?
H Quatsch!
L Such dir doch einen kleinen Chor zusammen.

H steht auf, geht zu den hinteren Schülern, flüstert ihnen etwas ins Ohr, geht zurück und setzt sich wieder. L singt die Frage der 2. Strophe, H und die hinteren Schüler antworten singend; in der Wiederholung singen wie oben alle die Antwort, jetzt also: „Dann ist Christus geboren ...“

I *(nachdenklich)*: Also am besten heute.
J Jetzt hab ich auch eine Frage: Wozu ist Jesus eigentlich geboren?

Mehrere Kinder stecken die Köpfe zusammen, tuscheln und melden sich.

L *(schaut zu den Zuschauern)*: Ich glaube, das können wir jetzt alle beantworten.

J und L singen die Frage, evtl. in obenstehender Zweistimmigkeit, spätestens bei der Wiederholung singt auch das Publikum die Antwort mit:

Dazu ist Christus geboren,
daß Menschen beginnen, menschlich zu handeln,
und sich besinnen, die Welt zu verwandeln.
Dazu ist Christus geboren.

Zum Abschluß singen alle gemeinsam die drei Strophen des Liedes.

Der Bote

Spielszene

Mitspieler: Briefträger, Bankangestellte(r), Geldbote, Engel, Maria.
Requisiten: Posttasche mit Briefen; Geldsack; Sparkassenschalter; Engelsgewand.

Vorschlag zur Einführung

Wenn ich euch jetzt frage, was ihr für einen Boten kennt, wird euch bestimmt sofort der Briefträger einfallen. Er ist ein Bote, den wir jeden Tag treffen können. Er arbeitet für die Post und bringt uns die Briefe. Schöne Briefe, über die wir uns freuen. Manchmal vielleicht auch Briefe, über die wir uns nicht freuen. Einen Brief mit einem schwarzen Rand, der uns davon berichtet, daß ein Mensch gestorben ist. Oder ein Brief mit einer Rechnung darin. Bestimmt habt ihr schon einmal gehört, wie eure Mama gesagt hat: „Wie schrecklich, schon wieder eine Rechnung, andere Briefe sind mir lieber!" Aber was der Postbote auch bringt, auf jeden Fall ist es etwas Wichtiges. Eine Mitteilung, die uns unbedingt erreichen soll.
Es gibt noch andere Boten. Die Geldboten, die in gepanzerten Autos zu den Banken und Sparkassen fahren und Geld bringen oder abholen. Auch das ist wichtig. Stellt euch mal vor, es will einer Geld in der Sparkasse holen, und die hat keins. Da muß es doch Leute geben, die sich darum kümmern.
Es gibt auch Boten, die in den großen Bürohäusern Akten von einem Büro ins andere bringen, damit der, der die Akten braucht, weiterarbeiten kann. Oder sie tragen Pakete vom Büro zur Post. Oder sie richten wichtige Aufträge aus.
Boten braucht man also, damit wichtige Botschaften oder Dinge den Leuten gebracht werden, die sie unbedingt erhalten sollen. Auch Gott hat seine Boten. Das sind die Engel. Und wenn es etwas ganz Wichtiges gibt, das Gott den Menschen mitteilen will, dann schickt er seine Boten.
Einer der Boten war der Engel Gabriel. Er hatte eine unheimlich wichtige Botschaft zur Erde zu bringen. Er war der Bote, der zu Maria kam und ihr sagte, daß sie die Mutter des Jesuskindes werden sollte.

Spielverlauf

I.

Ein Kind hat sich als Briefträger verkleidet (Postmütze, Posttasche).

Briefträger: Ich bringe den Leuten die Post. Jeden Tag gehe ich von Haus zu Haus, werfe Briefe und Postkarten in die Briefkästen oder gebe kleine Päckchen ab. *(Geht zwischen den zuschauenden Kindern hindurch).* Guten Morgen, Frau Meier, Sie bekommen einen Brief von Ihrer Tochter. Er ist

	dick und schwer. *(Überreicht einem Kind den Brief.)* Ah, Herr Schulz, gut, daß ich Sie sehe *(kramt in der Posttasche)*: Ihre Frau hat Ihnen eine Ansichtskarte geschrieben. Aus den Alpen. *(Tut, als ob er die Karte lese)*. Es geht ihr gut, aber das Wetter ist schlecht!

Spielen noch mehr „Postempfänger" mit, kann das Spiel beliebig ausgebaut werden.

II.

Der Bankangestellte setzt sich hinter den Schalter, tut, als ob er/sie lange Zahlenreihen zusammenrechnet.

Bankangestellte(r):	Der Geldbote muß jeden Augenblick kommen. *(Blick auf die Uhr.)* Sonst ist er immer um diese Zeit da. Hoffentlich ist nichts passiert. Man kann nie wissen heutzutage!

Der Geldbote kommt mit dem Geldsack.

Geldbote:	*(zum Publikum)*: Ich bin der Geldbote. Ich bringe der Bank das Geld. Heute ist mein Sack ganz schön schwer. *(Zum Bankangestellten):* Guten Morgen. Heute bin ich etwas später. Ich bin in einen Stau geraten.
Bankangestellte(r):	*(nimmt den Geldsack):* Ich habe mir schon Sorgen gemacht. Gleich kommen die ersten Kunden. Vielen Dank! *(Geldbote ab. Bankangestellte(r) hebt den Sack hoch, steht auf.)* Morgen ist Einkaufssamstag, da brauchen die Leute Geld. Darum ist der Sack heute dicker als sonst. Ich will ihn gleich in den Geldschrank einschließen. *(Geht ab.)*

III.

Maria sitzt auf einem Stuhl. Vielleicht hat sie eine Handarbeit auf dem Schoß und summt leise vor sich hin. Der Engel tritt auf.

Engel:	*(zum Publikum):* Ich bin der Engel Gabriel. Ich bin Gottes bester Bote. Für wichtige Botschaften schickt Gott immer mich. Heute soll ich zu Maria. *(Sieht sich suchend um.)* Ah, da ist sie ja! *(Geht zu Maria hin.)* Ich grüße dich Maria.
Maria:	*(erschrickt, hält die Hand vor die Augen, als sei sie geblendet)* Wer bist du?
Engel:	Ich bin Gabriel, der Bote Gottes. Ich bringe dir eine Botschaft von Gott: Du wirst ein Kind bekommen. Das soll Jesus heißen. Und dieses Jesuskind wird für alle Menschen ein Retter und Helfer sein.
Maria:	Aber ich –? Wieso ich? *(Stottert.)* Das ist doch – das kann doch... Das ist doch nicht möglich.

Engel:	Bei Gott ist alles möglich. Er hat dich ausgewählt unter allen Frauen.
Maria:	*(schlägt die Hände vors Gesicht, schüttelt den Kopf)* Mich? Gott hat mich ausgewählt?
Engel:	*(sich langsam entfernend):* Ich muß weiter. Gott wartet. Vergiß meine Botschaft nicht! *(Geht ab.)*
Maria:	*(wieder allein):* Es kommt mir vor, als ob ich träume. *(Denkt nach.)* Ich? Ein Kind? *(Pause.)* Aber wenn Gott es so will, dann soll es geschehen.

Alle singen gemeinsam „Vom Himmel hoch, da komm' ich her".

Birgitt Siegl

Es sah'n drei weise Könige

Sternsingerlieder und Dreikönigsspiele

Wir folgen dem Stern

Spielgedicht

Erzähler: Ihr Menschen, habt ihr den Stern geseh'n
so funkelnd und strahlend am Himmel steh'n?
Der Stern erleuchtet die dunkle Welt.
Dort wird es hell, wo sein Schein hinfällt.

Der Stern verkündet die neue Zeit:
Ein Kind ist geboren – vergeßt Haß und Streit.
Denn mit der Geburt des Kindes zur Nacht
wurde die Botschaft des Friedens gebracht.

Das Kind wuchs heran und wurde ein Mann,
der vielen Menschen nur Gutes getan.
Er hat von der Liebe Gottes erzählt
und stets den Weg zu den Menschen gewählt.

Ihr Menschen alle, ob groß oder klein,
laßt ihn auf dem schweren Weg nicht allein!
Vom Stern laßt euch führen, der das Ziel euch weist,
das Freude für alle und Frieden heißt.

Zwei Kinder haben die Botschaft vernommen,
die mit dem Stern auf die Erde gekommen.
Sie suchen das Kind und folgen dem Stern.
Der Weg ist weit, der Stern ist fern.

Zwei Kinder treten auf, schauen suchend umher.

Christa: Christoph, wo willst du noch hin in der Nacht?
Die Menschen schlafen, niemand mehr wacht.
Ich bin so müde, mir ist so kalt.
Ich fürcht' mich: so finster und fremd ist der Wald.
Längst haben wir Weg und Steg verloren –
wir finden das Kind nicht, das heute geboren.
Doch hab' ich dort vorn eine Höhle entdeckt.
Ihr Eingang ist hinter den Zweigen versteckt.
Dort könnten wir rasten und ruh'n bis zum Morgen
und brauchten uns jetzt um den Weg nicht zu sorgen.

Christoph: Sei nicht so verzagt! Es ist nicht mehr weit.
Eine Nacht in der Höhle wär' verlorene Zeit.
Komm, Christa, faß mich nur fest bei der Hand.
Ich glaube, wir sind schon am Waldesrand.
Blinkt durch die Äste nicht tröstlich ein Licht?

Christa: Nein, Christoph, du träumst, ein Licht seh' ich nicht.
Die Höhle wär' trocken, und Schlaf tät' uns gut ...

Christoph: Oh, Christa, wo steckt nur dein fröhlicher Mut?
Sieh nur, da vorn den hell leuchtenden Schein!
Christa: Ach, Christoph, es wird nur ein Glühwürmchen sein.
Christoph: Kein Irrlicht, kein Glühwürmchen sendet solch' Licht,
das selbst durch die dichtesten Zweige bricht!
Ich glaube, wir sind dem Kind schon ganz nah,
denn niemals zuvor solch ein Leuchten ich sah!
Christa: Was du gesagt, hat mir Mut gemacht …
Welch Licht dringt jetzt durch die finstere Nacht?
Christoph: Es ist der Stern! Er zieht uns voran
auf seiner hohen goldenen Bahn.
Beide: Von oben, von vorn, von überallher
umgibt uns das Licht wie ein Lichtermeer.
Welch' Glänzen und Strahlen – mir wird ganz leicht!
Freu' dich, wir haben das Kind erreicht!
Erzähler: Die beiden stehen im wärmenden Licht,
das vom Kind ausgeht und das Dunkel zerbricht.
Der Stern führte sie, der auch euch das Ziel weist,
das Freude für alle und Frieden heißt.
Die Botschaft des Sterns überdauert die Zeit:
heute und morgen und in Ewigkeit.

Die Heiligen drei Könige rufen uns

Spielszene

Wenn nach der Weihnachtszeit Kindergarten, Grundschule und Kindergottesdienst wieder beginnen, kann die ganze Gruppe mit diesem kleinen Spiel in einem Umgang um die Krippe einen Ausblick auf das kommende Jahr gewinnen.

1. König: Ich bin ein König, von weit komm' ich her
gezogen über Land und Meer.
Da traf ich dich, du Bruder mein!
Sahst auch den Stern im hellen Schein?
2. König: Ich sah ihn wohl und suchte ihn bang.
Halt an! Wer kommt des Wegs entlang?
Der dritte König! Mit dunklem Gesicht! –
In ferner Heimat sahst du das Licht?
3. König: Es strahlt wohl über alle Welt.
Wer hat an den Himmel es gestellt?

Alle: Zieht alle mit und zögert nicht!
Wir finden den Heiland, wir sehen das Licht.
1. König: Und laßt euch nicht schrecken durch Not und Gefahr.
Schaut nach dem Stern nur immerdar.
2. König: Dann knien wir gemeinsam beim König im Stall.
Folgt uns, ihr Menschen von überall!
3. König: Und habt ihr kein Geld, und seid ihr arm,
gebt ihm euer Herz voll Liebe warm.
Alle: Kommt alle mit! Macht euch bereit!
Wir finden den Herrn auch in unserer Zeit.

Hildegard Kronenberg

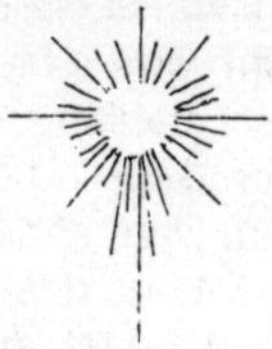

Es sah'n drei weise Könige

Spiellied

Alle Kinder singen gemeinsam das Lied. Drei Kinder spielen die Könige und stellen die im Lied erzählte Handlung dar. Zu dem Lied läßt sich auch ein Schattenspiel, ein Menschenschattenspiel oder ein Spiel mit Stabpuppen aufführen.

2. Der König ist gebor'n, der Herr
des Himmels und der Welt!
So haben's die drei Könige
im ganzen Land erzählt.
Was schenkt man diesem König nur?
Sie haben mit Bedacht
das Edelste ihm ausgewählt
und ihm auch mitgebracht.
Halleluja …

3. Weihrauch und Myrrhe mußten's sein,
dazu das feinste Gold,
daß jeder diesem König auch
die höchste Ehre zollt!
Doch als sie dann im Stall das Kind
in einer Krippe sah'n,
da fragten sich die Könige:
Was fängt es damit an?
Halleluja …

4. Wie ehrt man einen König nur,
der noch so winzig klein?
Doch weil sie wirklich weise war'n,
drum fiel es ihnen ein.
Der erste König ging zum Kind
und streichelte es zart.
Da griff das Kind mit seiner Hand
ihm zärtlich in den Bart.
Halleluja …

5. Der zweite König nahm das Kind
und wiegte es ganz sacht.
Da hat das Kind auf seinem Arm
vor Freude leis gelacht.
Der dritte König aber sang
dann für das Kind ein Lied.
Da sangen in dem kleinen Stall
die anderen alle mit.
Halleluja …

6. Er hielt das Kind auf seinem Arm
und tanzte in der Nacht.
Da haben alle in dem Stall
vor Freude mitgemacht.
Ein Hirte packt die Flöte aus,
die andern sangen mit.
Und so entstand in dieser Nacht
das erste Weihnachtslied.
Halleluja …

7. Es war'n drei weise Könige,
die wußten, was man gibt,
wenn man dies Kind, das Gott uns schenkt,
von ganzem Herzen liebt.
Wir stimmen froh ein Weihnachtslied
in jedem Jahr neu an
und tanzen, wie's die Könige
vor langer Zeit getan.
Halleluja …

Text: Rolf Krenzer, Melodie: Paul G. Walter, aus MC „Dann fängt Weihnachten an", Musikbär-Verlag Paul G. Walter, Eichenweg 15 a, 6905 Schriesheim

Das größte Geschenk

Spielszene

In Vorbereitung haben die Kinder aus leeren Pappkartons mit Buntpapier ‚Geschenke' gebastelt, die sie nun bereithalten. Die Geschenkkisten liegen vor ihren Füßen auf dem Boden. Das Spiel beginnt, indem sich alle Mitspieler zu einem Kreis aufstellen, in dessen Mitte sich eine Weihnachtskrippe samt einem daran befestigten Stern als Zeichen des Königskindes befindet. Die Kinder stehen nach außen gewandt, mit dem Rücken zur Krippe, während die drei Könige den Kreis langsam und würdevoll umlaufen.

Alle Könige: Die drei Könige werden wir genannt.
1. König: Wir ziehen in ein fernes Land.
2. König: Wir folgen einem hellen Stern.
3. König: Wir suchen einen großen Herrn.

Zwei Kinder treten aus dem Kreis und stellen sich den wandernden Königen in den Weg.

1. Kind: *(Hebt die Hände, streckt sie nach vorn und ruft laut:* Haltet ein! Für einen großen Herrn braucht man auch ein großes Geschenk!
2. Kind: Nicht nur *ein* Geschenk. Viele Geschenke braucht man!

Alle Kreisspieler zustimmend: Ja, viele!

Daraufhin nehmen die Kreisspieler ihre Geschenke auf, laufen zu den wartenden Königen und beladen sie mit soviel Kisten, wie diese tragen können. Alle übriggebliebenen Geschenke verbleiben bei den Mitspielern. Erneut bilden sie einen Kreis; das Gesicht den Königen zugewandt mit der Krippe im Rücken. Die Könige, beladen wie die Packesel, setzen ihre Wanderung sichtlich langsamer und mühsamer fort. Bald bleiben sie stehen.

1. König: Ich kann nicht mehr!
2. König: Mir sind die Arme vom Tragen schwer.
3. König: Kein Schritt mehr bringt mich von diesem Ort.
Alle: Was ist nur? Die ganze Freude ist fort.

Da öffnet sich ihnen gegenüber der Kreis und gibt den Blick zur Krippe hin frei. Die Könige schauen auf und sehen Stern und Krippe.

1. König: Dort, seht doch! Seht unseren Stern!
2./3. König: Wir sind am Ziel! Bei unserem Herrn!

Beladen, wie sie sind, ziehen sie in den Kreis ein, legen ihre mitgebrachten Geschenke ab und bauen dabei die kleine Krippe völlig zu. Während des Einzuges der Könige drehen sich alle Kinder um, so daß fortan ihr Gesicht zur Krippe weist. Nachdem sich die Könige ihrer Last entledigt haben, bringen die

Kinder aus dem Kreis die restlichen Geschenke. Am Ende sollte nichts mehr von der Krippe zu sehen sein außer einem Berg von Geschenken, aus dessen Mitte ein Stab mit dem Stern schaut.

Die Könige bleiben nahe bei der Krippe, doch der Kreis öffnet sich zu den Zuschauern hin.

1. König: Wo ist das Kind? Die Krippe? Das Licht?
2. König: Wir sind am Ziel, und doch sehn wir es nicht!
3. König: Verschwunden das Licht, die Krippe, das Kind!
Alle: Ein Berg voll Geschenke – sind wir denn blind?

Die Kinder aus dem Kreis:

1. Kind: Es ist schön, wenn man etwas schenken kann.
2. Kind: Geschenke bereiten Freude.
3. Kind: Aber hier sind zu viele Geschenke.

Leiter(in): Und das Wichtigste fehlt.
Alle: Was ist denn das Wichtigste?

Leiter(in) bückt sich, nimmt die großen Geschenke beiseite und holt ein kleines Kästchen hervor, hebt es hoch.

Leiter(in): Fast hätte ich es nicht mehr gefunden.
Alle: *(enttäuscht)*
Das ist aber klein!
Leiter(in): Und doch verbirgt sich darin ein größeres Geschenk, als all die großen Geschenke hier zusammen wert sind.
(Reicht das Kästchen einem Kind. Das öffnet es und hält vor aller Augen ein Papierherz hoch.)
Alle: *(wieder enttäuscht)*
Das ist ja nur ein Herz.
1. Kind: Und bloß aus Pappe ist es.
2. Kind: Und das sollen wir dem Kind schenken?
Leiter(in): Nein! Das Pappherz ist nur ein Zeichen. Es will uns daran erinnern, daß wir dem Kind in der Krippe unser eigenes lebendiges Herz schenken sollen. Das ist das größte und schönste Geschenk.

Die Kinder treten erneut zur Krippe, schaffen ihre großen Geschenkpakete fort und hängen danach vorbereitete Pappherzen daran.

Jörn Philipp

Der Stern der drei Könige

Spielszene

Das folgende Stück kann auch als Andacht durchgeführt werden. Es eignet sich für drinnen ebenso wie für draußen. Es soll die Verbundenheit mit der Schöpfung bewußt gemacht werden. Tanne und Stern sind die Zeichen dafür.

Sprecher: Lobt den Herrn, Sonne und Mond.
Lobt den Herrn, ihr leuchtenden Sterne.
Lobt den Herrn, Feuer, Hagel, Schnee und Nebel.
Lobt den Herrn, ihr Berge und Hügel.
Lobt ihn, ihr fruchttragenden Bäume
und ihr Zedern. (Psalm 148,3f.)

Die Gemeinde singt gemeinsam:

Der folgende Text „Der Stern der drei Könige" sollte mit eigenen Worten nacherzählt werden:

Max hat Freunde. Aber die ärgern ihn so gern. Das mag er gar nicht. Max ist der Kleinste. Seine Freunde sind älter als er. Das kann man nicht ändern.
Da kommen Mäxchens Freunde um die Ecke. Sie ziehen ihre Schlitten hinter sich her. Max hat schon auf sie gewartet. Am Gartenzaun, wo die Weihnachtstanne steht.
„He, Max!" ruft Jörg. „Eure Tanne ist aber klein. Wir haben viel mehr Lichter dran als ihr."
Schon ist Jörg mit seinem Schlitten fort. Und die anderen auch. Nur Max steht noch da. Er ist ganz traurig.

Die Kohlmeise auf dem Tannenbaum zwitschert aufgeregt „Das ist gemein. Kleine Tannen sind eben nicht größer.“ Und Max sagt: „Du bist doch der schönste Tannenbaum. Zu meinem Geburtstag wünsche ich mir noch eine Lichterkette.“ Dann rennt Max mit seinem Schlitten hinter den anderen her.
Am Abend zündet Maxens Mutter gerade die Kerzen am Weihnachtsbaum an. „Zum letzten Mal heute“, sagt sie. Max darf auch ein paar Kerzen anzünden. Und am Schluß darf er sie ausblasen. Das macht ihm Spaß.
Da klopft es an der Haustür. So spät noch! Wer mag das sein? Max rennt zur Tür. Auf der Treppe stehn die Heiligen drei Könige aus dem Morgenland. Auf einer langen Stange tragen sie einen Stern. Der leuchtet wunderbar. Und mit ihren hellen Stimmen singen sie das Lied der Sternsinger.

Kinder (Chor) singen:

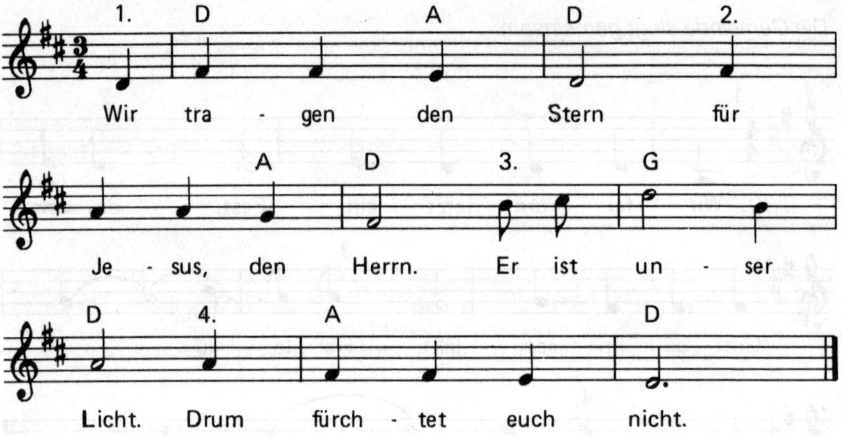

2. Wir tragen den Stern
für Jesus den Herrn.
Zum Licht in der Nacht
hat Gott ihn gemacht.

3. Wir tragen den Stern
für Jesus, den Herrn.
Die Dunkelheit weicht.
Das Herz wird uns leicht.

4. Wir tragen den Stern
für Jesus, den Herrn.
Gott ist uns ganz nah.
Hallelujah.

Fortsetzung der Geschichte:

Sie singen mit fröhlichen Augen und machen ihren Mund weit auf. Bei dem schwarzen König leuchten die Zähne ganz weiß.

Maxens Papa gibt den Königen ein Geldstück. Sie sammeln für kranke Kinder in Afrika.
Da sagt Melchior, einer der drei: „Wir sind jetzt am Ende unserer langen Reise. Da brauchen wir unseren Stern nicht mehr. Der paßt gut zu eurem Lichterbaum im Garten. Dürfen wir ihn euch schenken?"
„Ja!" schreit Max und ist ganz glücklich.
Was denkt ihr, wie die kleine Kohlmeise staunt, als sie am anderen Tag den Stern auf dem Lichterbaum sieht! „Jetzt bist du der allerschönste Baum", sagt sie zur Tanne.
„Ja", sagt die Tanne. Sie kann vor lauter Glück gar keine Worte finden.
Und da kommen Jörg und die anderen mit ihren Schlitten. In der letzten Nacht hat es wieder tüchtig geschneit. Sie bleiben stehen und staunen. Und Jens sagt: „Das ist ja der Stern der Heiligen drei Könige!"
„Der leuchtet in der Nacht und auch am Tag", sagt Max, und seine Augen strahlen, als ob der Stern von Betlehem in ihnen leuchten würde.
„Seht ihr", sagt die Kohlmeise. „So kann sich alles ändern!" Sie sitzt auf dem leuchtenden Stern und singt und singt. Am liebsten möchte sie nie mehr aufhören. Und das mitten im Winter.

Die Kinder wiederholen noch einmal das Sternsingerlied „Wir tragen den Stern". Während des Liedes lösen sich aus dem Kinderchor die drei Könige. Sie ziehen mit dem Stern nach draußen. Alle bilden einen Kreis um einen Tannenbaum (in der Parkanlage).

Sprecher: Wenn ich den Himmel ansehe, das Werk deiner Hände, und wenn ich den Mond sehe und die Sterne, die du geschaffen hast, frage ich mich: Was ist der Mensch, daß du dich seiner so liebevoll annimmst? Herr, unser Herrscher, wie herrlich ist dein Name in allen Landen. (Psalm 8,4)

Auch die Erwachsenen bilden einen Kreis. Alle singen gemeinsam das Lied „Wir feiern jetzt ein Fest".

Sprecher: Als die Weisen aus dem Morgenland von Betlehem gehört hatten, zogen sie dorthin. Und siehe, der Stern, den sie im Morgenland gesehen hatten, ging vor ihnen her, bis er über dem Ort stand, wo das Kind war. Als sie den Stern sahen, wurden sie hoch erfreut.
Sie gingen in das Haus und fanden das Kind mit Maria, seiner Mutter, und fielen nieder und beteten es an und taten ihre Schätze auf und schenkten ihm Gold, Weihrauch und Myrrhe. (Mt 2,9f.)

Die Gemeinde zieht wieder in die Kirche ein. An der Krippe können Gaben für die leidenden Kinder in der Welt niedergelegt werden.
Zum Abschluß kann ein Gebet gesprochen werden.
Der Kanon „Vom Aufgang der Sonne" oder ein anderes Lied, das das Kind in der Krippe preist, ist angebracht. Zum Kanon kann mit den Armen die entsprechende Bewegung ausgeführt werden.

Die Männer vom Morgenland

1. Es kommen drei Männer vom Morgenland
und wollen das Jesuskind sehn;
sie werden „die drei Weisen“ genannt,
als kluge Menschen sind sie bekannt,
nun bleiben staunend sie stehn.

2. Herodes schickte sie eilends fort,
zu suchen das Kind in dem Stall.
Sie finden's auch wirklich an diesem Ort
und bleiben voll Andacht noch lange dort,
verraten's auf keinen Fall!

3. Es gehen drei Männer ins Morgenland
mit Hoffnung im Herzen und Glück.
Sie haben den wahren König erkannt,
der Sorgen und Trauer für immer bannt,
kein Weg führt ins Dunkel zurück!

Gabi Hoppmann

Wir Heil'gen drei Könige

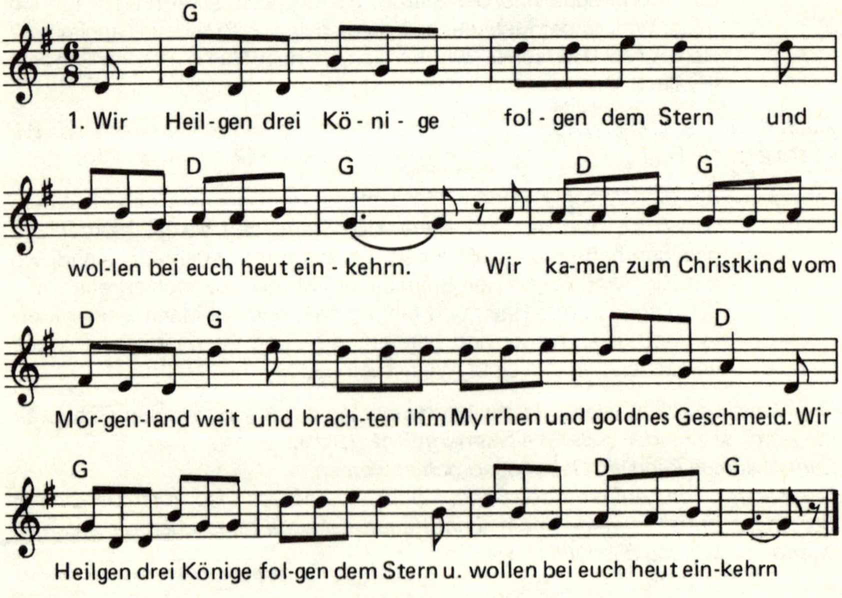

2. Hier seht ihr den Schwarzen,
bin Kaspar genannt
und König im sonnigen Land.
Ich sing euch von Herzen
ein fröhliches Lied
und bringe euch Frohsinn
und bringe euch Fried.
Hier seht ihr den Schwarzen,
bin Kaspar genannt,
bin König im sonnigen Land.

3. Und ich bin der König,
der Melchior heißt,
der klug ist und weltweit gereist.
Ich bringe euch Glück
und zufriedenen Sinn
und wünsch euch im Lotto
den Riesengewinn.
Denn ich bin der König,
der Melchior heißt,
der klug ist und weltweit gereist.

4. Der dritte im Bunde
beim Christkind ich war,
als König und heiß Balthasar.
Ich bringe euch allen
zum Leben viel Mut
in Not und Gefahr
euch ein ruhiges Blut.
Der dritte im Bunde
beim Christkind ich war
als König und heiß Balthasar.

5. Wir Heil'gen drei Könige
folgen dem Stern
und komm'n auch im nächsten Jahr gern.
Wir kamen zum Christkind
vom Morgenland weit
und brachten ihm Myrrhe
und goldnes Geschmeid.
Wir folgen jetzt weiter
dem goldenen Stern
und woll'n noch bei andern einkehrn.

Text und Melodie: Walter Kahn

Der Melchior, der Kaspar und der Balthasar

Der Inhalt des Liedes wird von drei Kindern pantomimisch dargestellt.

2. Es sahen die drei Könige im fernen Land,
   daß plötzlich Gottes heller Stern am Himmel stand.
   Ihr Leute, geht zur Seite!
   Macht Platz den edlen Herrn!
   Zur Seite, ihr Leute!
   Sie folgen Gottes Stern!

3. Da haben die drei Könige den Stern begrüßt.
   Sie wußten, daß jetzt Gottes Sohn geboren ist.
   Ihr Leute geht zur Seite …

4. Sie brachen auf und packten auch Geschenke ein
   und zogen los, um bald bei Gottes Sohn zu sein.
   Ihr Leute geht zur Seite …

5. Sie suchten ihn im ganzen Land und überall
   und finden hier das Kind im Stroh im armen Stall.
   Ihr Leute geht zur Seite …

6. Der Melchior, der Kaspar und der Balthasar,
die finden hier, was von dem Stern verheißen war.
Ihr Leute geht zur Seite …

7. Der Balthasar, der Kaspar und der Melchior,
sie gehen zu der Krippe, und sie knien davor.
Kommt mit, ihr lieben Leute!
Sie folgten Gottes Stern.
Drum finden sie heute
im Stall hier unsern Herrn.

Die Könige erheben sich, grüßen nach allen Seiten und gehen wieder davon. Dazu singen wir:

8. Der Melchior, der Kaspar und der Balthasar,
die wünschen allen nun ein gutes neues Jahr.
So gehen sie noch heute
herum mit ihrem Stern
und schenken so viel Freude
im Namen unsres Herrn.

Bücher für die Arbeit mit Kindern

Rolf Krenzer
Wir spielen Theater
Band 1, 176 Seiten, kart, EK 0901

Rolf Krenzer
Wir spielen Theater
Band 2, 176 Seiten, kart, EK 0902

Rolf Krenzer
Die Osterzeit im Kindergarten
144 Seiten, kart, EK 0908

Rolf Krenzer
Die Pfingstzeit im Kindergarten
168 Seiten, kart, EK 0910

Eleonore Striewe
Das Sommerfest im Kindergarten
144 Seiten, kart, EK 0905

Rolf Krenzer
Die Herbstzeit im Kindergarten
144 Seiten, kart, EK 0909

Rolf Krenzer
Weihnachten im Kindergarten
176 Seiten, kart, EK 0906

Rolf Krenzer
Einfaches Basteln und Werken mit Kindern
88 Seiten, kart, EK 0907

Rolf Krenzer
Spiele mit behinderten Kindern
Band 1, 128 Seiten, kart, EK 0903

Rolf Krenzer
Deine Hände klatschen auch
156 Seiten, kart, EK 0900

Rolf Krenzer
Neue Spiele und Lieder für den Kindergarten
Von Sankt Martin bis zum Dreikönigstag
224 Seiten, kart, EK 0319

Waltraut Obergfell
Laßt uns singen, laßt uns springen
108 einfache religiöse Lieder für den Kindergarten
128 Seiten, kart, EK 0911

Rolf Krenzer
Vorlesezeit im Kindergarten
Geschichten vom ersten Advent bis zum Dreikönigstag

Lebensraum Kindergarten
Pädagogische Anregungen für Ausbildung und Praxis
296 Seiten mit 90 z. T. farbigen Fotos, geb, EK 0447
Kaufmann/Herder

Felicitas Betz
Märchen als Schlüssel zur Welt
Auswahl und Anleitung zum Erzählen und Gespräch mit Vorschulkindern.
108 Seiten, kart, EK 0316
Kaufmann/Pfeiffer